资源型城市转型与城市生态环境建设研究

郭向云　编著

北　京
冶　金　工　业　出　版　社
2011

内容简介

资源型城市是世界上普遍存在的一类特殊的城市类型，是以耗竭大量自然资源和严重生态赤字为代价发展起来的城市。资源型城市的转型发展，就是要“以人为本”，按照科学发展观的要求，做到经济发展与环境保护并重，经济增长与生态环境建设相互协调，实现经济与环境的相互促进、相互双赢的可持续发展。本书以晋城市为例，采用理论研究与实证分析的方法，分三部分进行论述，在资源型城市的基本理论、生态城市理论、可持续发展理论、循环经济理论等理论指导下，通过对国内外资源型城市转型与城市生态环境建设的实例对比分析，总结经验教训，提出了晋城市转型发展的战略与构想：一是发展循环经济，实现可持续发展；二是建设生态城市。

本书主要读者对象是从事城市生态工作的专业人员或者高职高专相关专业的师生。

图书在版编目(CIP)数据

资源型城市转型与城市生态环境建设研究/郭向云编著．—北京：冶金工业出版社，2011.5

ISBN 978-7-5024-5574-3

Ⅰ.①资… Ⅱ.①郭… Ⅲ.①城市经济-经济发展-研究-中国②城市环境：生态环境-研究-中国 Ⅳ.①F299.21 ②X321.2

中国版本图书馆CIP数据核字(2011)第073679号

出 版 人 曹胜利

地　　址 北京北河沿大街嵩祝院北巷39号，邮编100009

电　　话 (010)64027926 电子信箱 yjcbs@cnmip.com.cn

责任编辑 尚海霞 美术编辑 彭子赫 版式设计 葛新霞

责任校对 卿文春 责任印制 李玉山

ISBN 978-7-5024-5574-3

北京百善印刷厂印刷；冶金工业出版社发行；各地新华书店经销

2011年5月第1版，2011年5月第1次印刷

148mm×210mm；6.375印张；188千字；196页

26.00元

冶金工业出版社发行部 电话：(010)64044283 传真：(010)64027893

冶金书店 地址：北京东四西大街46号(100010) 电话：(010)65289081(兼传真)

（本书如有印装质量问题，本社发行部负责退换）

前　言

城市是人类文明的象征，是人类社会物质和精神财富生产、积累和传播的中心，是社会生产力发展到一定历史阶段的产物，也是人类对自然环境干预最强烈、自然环境变化最大的地方，伴随着城市化进程的不断加速，生态化危机在城市地区肆虐，成为人类社会可持续发展的瓶颈。晋城市是全国重要的能源基地，靠着丰富的煤铁资源，以“五小工业”起步，实现了经济的较快发展。晋城人迅速走上了脱贫致富的道路，并成为山西省最早实现全市整体达小康目标的城市。但资源型地区以生态换发展的现实，晋城市也不例外。长期以来，乱采滥挖、私建乱造、粗放经营的做法，使生态承载性能日益脆弱。大气污染严重（主要是二氧化硫、烟尘和工业粉尘）、水环境质量恶化、固体废气物大量排放、地面塌陷、水土流失以及土地盐渍化等一系列问题频频出现，不少地方出现因肆意作践生态短期内致富，而又因生态被严重破坏迅速返贫的现象，昔日“太行明珠”正日渐失去耀眼光辉。严峻的现实告诫发展经济不能以牺牲环境为代价，环境污染极大地限制城市的发展和人民的生活，只有改善生态环境质量，促进城市生态系统的良性循环，才能保证社会、经济和环境的可持续发展。

保护生态环境、发展循环经济、建设生态型园林城市是城市生态化建设的重要途径。生态城市是一种理想的城市模式，它的基本特征是和谐性、高效性与整体性。煤炭资源型城市是依托煤炭资源开发而兴建或发展起来的城市，是以资源为生命线的城市。然而，在煤炭产业及其相关产业的发展过程中，由于人为因素的破坏和煤炭资源的不可再生性，城市的生态环境面临着巨大的威胁。晋城作为煤炭资源型城市，要想实现未来的可持续发展，就要及早吸取老煤炭工业城市的教训，进行生态化治理，实现城市转型，其目标就是生态化城市。然而，生态城市的建设不是一朝一夕可以实现的，必须建立长期规划。

本书以探讨资源型城市转型与城市生态环境建设为主线，共分为三篇六章。第一篇分为两章，以理论研究为主。第一章主要阐述本书的研究背景及意义、国内外资源型城市的相关研究、国内外生态城市建设研究、本书的基本框架及主要内容。第二章主要介绍一些基础理论，如资源型城市的基本理论、生态城市理论、可持续发展理论、循环经济理论等，为本书的研究奠定理论基础。第二篇分为两章，主要是实证分析。第三章讨论国外资源型城市转型与城市生态环境建设的成功案例，分析国外资源型城市转型模式，重点对比分析德国鲁尔区“转型型”范例、美国匹兹堡“复兴型”范例、法国洛林地区“告别型”范例。第四章讨论国内资源型城市转型与城市生态环境建设的基本做法，分析我国资源型城市转型与城市生态环境建设的现状，并介绍我国具有代表性的几个地区，如安徽省铜陵市、河南省焦作市、辽宁省阜新市等，并从中得出启示。“它山之石，可以攻玉”。通过国内外资源型城市转型与城市生态环境建设的实证分析，对于晋城市资源型城市转型与城市生态环境建设具有重要的借鉴意义。第三篇重点讨论山西省晋城市城市转型与城市生态环境建设的实践与探索，这一部分分为两章。第五章主要是对晋城市城市转型与生态环境建设的现状进行分析，具体包括：晋城市概况、晋城市资源环境承载力分析、晋城市环境质量现状、晋城市城市转型与生态环境建设的障碍性因素分析。第六章提出晋城市城市转型与生态环境建设的战略与构想：一是发展循环经济、实现可持续发展；二是建设生态城市。

晋城市是一座中小型的煤炭资源型城市，未来发展的潜力还很大。希望本书的研究能为晋城市未来的发展提供借鉴。同时也为其他像晋城市一样的资源型城市转型与生态环境建设提供参考。

编 者

2011 年 4 月

目　录

第一篇　资源型城市转型与城市生态环境建设的研究现状

第一章　绪论 …… 1

第一节　本书的研究背景及意义 …… 1

第二节　国内外资源型城市的相关研究 …… 5

第三节　国内外生态城市建设 …… 14

第四节　本书的基本框架及主要内容 …… 19

第二章　资源型城市转型与城市生态环境建设的理论基础 …… 21

第一节　资源型城市的基本理论 …… 21

第二节　生态城市理论 …… 29

第三节　可持续发展理论 …… 36

第四节　循环经济理论 …… 42

第二篇　国内外资源型城市转型与城市生态环境建设的借鉴

第三章　国外资源型城市转型与城市生态环境建设的成功案例 …… 47

第一节　国外资源型城市转型比较 …… 47

第二节　德国鲁尔区“转型型”范例 …… 53

第三节　美国匹兹堡“复兴型”范例 …… 60

第四节　法国洛林地区“告别型”范例 …… 68

第四章 国内资源型城市转型与城市生态环境建设的基本做法 …… 78
第一节 我国资源型城市转型与城市生态环境建设的现状 …… 78
第二节 “生态铜都建设与循环经济推进”的安徽省铜陵市 …… 87
第三节 “从黑色到绿色”的河南省焦作市 …… 92
第四节 “退工进农”的辽宁省阜新市 …… 98
第五节 资源型城市转型与城市生态环境建设的启示 …… 108

第三篇 山西省晋城市城市转型与城市生态环境建设的实践与探索

第五章 晋城市城市转型与生态环境建设的现状 …… 111
第一节 晋城市概况 …… 111
第二节 晋城市资源环境承载力 …… 118
第三节 晋城市环境质量现状 …… 128
第四节 晋城市城市转型与生态环境建设的有利条件和制约因素 …… 135

第六章 晋城市城市转型与生态环境建设的战略与构想 …… 147
第一节 晋城市城市转型战略——发展循环经济、实现可持续发展 …… 147
第二节 晋城市生态环境建设的构想——建设生态城市 …… 172

参考文献 …… 194
后　记 …… 196

第一篇

资源型城市转型与城市生态环境建设的研究现状

第一章 绪 论

资源型城市的产生有其特定的背景。20 世纪 50 年代的国际政治经济环境决定了新中国不可避免地要实践以重工业为主的工业化模式，只有依靠有计划的集中使用资源才能克服资源短缺对工业化的约束。在这种背景下，资源型城市蓬勃兴起，这是我国经济建设的必然要求。资源型城市为我国国民经济发展做出了巨大的贡献，这种贡献是以牺牲自身的可持续发展能力和生态环境为代价的。

第一节 本书的研究背景及意义

一、研究背景

资源型城市是随着丰富的资源开发而兴起，并以资源开采利用为主导产业和支柱产业的城市。资源型城市之所以冠之以“资源型”，是因为资源开采和加工业在该城市产业构成中居支柱性或主导性的地位，资源型城市的主要功能或重要功能是向社会提供矿产品及其初级加工产品，资源型产业的发展状况对其兴衰有着决定性的影响。在我国工业化和城市化进程中，资源开发基地建设一直受到极大重视，围绕资源开发，逐渐形成了一大批资源型城市。资源型城市是我国城市经济乃至整个国民经济的重要组成部分，是国家经济建设所需能源和原材料的主要供应基地，在我国国民经济持续、健康和协调发展中发挥着重要的支撑作用。

一般而言，资源型城市的发展都遵循开发建设—中兴鼎盛—经济衰退—产业调整—繁荣发展的过程。在前两个阶段，资源型城市问题并不突出，但发展到中兴鼎盛之后将会出现较多问题，如产业结构单一、替代产业发育不良、城市经济基础脆弱、持续发展能力萎缩、资源耗竭过度、生态破坏严重等。无论是发达国家，如美国、加拿大、澳大利亚、德国等，还是发展中国家，资源型城市面临的衰退已成为一种普遍的趋势。

我国现有矿业城镇426座。其中地级市79座，地级区盟7座；县级市100座，市属县级区25座；县城179座，建制镇36座。在这426座矿业城镇中，处于成长期的84个，鼎盛期的291个，衰退期的51个。由于资源型城市对耗竭性资源具有高度依赖性，在资源开采逐步减少甚至枯竭后，可能出现两种结局：一种是如果没有发展相应的产业来弥补资源型产业的萎缩，那么该区域就可能逐步走向衰落。假如资源型产业在区域经济中占的份额非常大（比如90%以上），那么随着资源的不断枯竭，其县区内的城镇将不复存在，即出现所谓的“矿竭城亡”。另一种结局是由于资源枯竭或市场形势的变化等原因，在资源开采减少的同时，该区域逐步发展了接续产业和替代产业。接续产业是资源型产业的进一步延伸和发展；替代产业则是新产业对于资源型产业的更新和取代。如果这些接续产业和替代产业的增量足以弥补资源型产业的减少量，城市不但不会出现衰退，而且将随着接续产业和替代产业的发展壮大而日益兴盛起来。这种结局是世界相当多的资源型城市已经实现的目标，也是我国几乎所有的资源型城市要努力追求的目标。

进入20世纪90年代，一方面，实现经济社会的可持续发展已经成为世界发展的重大主题；另一方面，我国资源型城市面临的矛盾日趋尖锐，已经给整个国民经济发展带来严重的负面影响。在今天这个社会普遍要求坚持科学发展观的时代背景下，资源型城市的发展问题已经成为摆在人们面前的一道难题。它涉及经济学、社会学、地理学、能源、原材料开采业和加工业学及生态学等各个领域，是一个涉及面广、具有交叉性和复杂性的问题。

毋庸置疑，我国的经济体制改革和对外开放对资源型城市的发展产生了深远的影响。应该承认，从20世纪80年代至今，我国资源型城市的问题日益严重。资源型城市发展过程中出现的“三危问题”（经济危机、资源危机、环境危机）和“四矿问题”（矿山、矿业、矿产、矿工）日益凸显，这成为80年代以后资源型城市重新受到政府、学界及社会广泛关注的直接原因。80年代之前，主要是从资源开发和基地建设的角度进行研究，而将资源型城市作为一种特殊城市类型进行系统研究是从80年代以后开始的。“资源型城市的转型问题，从狭义角度讲是一个资源型城市发展必须面对、必须解决的问题；从更广的视角考虑，它关系到我国整体的走势与发展。”因此，在研究资源型城市转型问题时，必须将之放在未来城市发展趋势中考虑，必须将资源型城市的发展与我国整个国家的发展结合起来。目前，生态城市已经成为现代城市发展的基本方向，资源型城市作为城市的一种类型，要实现可持续发展，就必须进行转型。因此，对资源型城市转型与城市生态环境建设的研究就显得尤为重要。

二、研究意义

随着我国经济的快速增长，资源型城市的发展步伐明显落后于我国经济的整体发展速度，同时，由于资源型城市建立的是资源高度依存型的工业基地，以耗竭大量自然资源和严重生态赤字为代价的外延型经济发展所付出的生态环境代价极其沉重。十六届三中全会明确提出，坚持以人为本，树立全面、协调、可持续的发展观，在五个统筹的基础上促进经济社会和人的全面发展。这一新发展观的提出，既是对我国改革实践的总结，也是全面建设小康社会的必然要求，更是引导我国国民经济持续快速健康发展、促进经济增长方式转变、走新型工业化道路的重要指南。可以说，中国的资源型城市，无论其资源是否存在枯竭现象，进行转型都是必然的。

晋城市是以煤炭资源为基础，靠小冶炼、小矿山、小煤矿、小机械、小化肥，“五小工业”起步，实现了经济的较快发展，成为全省煤电能源重化工开发的重点地区之一，经过建国48年的建设，已形成以煤炭工业为主，冶金、电力、机械、化工、建材、纺织、造纸、食品等20多个行业的国民经济体系。但在城市的建设与发展中，也给城市的生态环境带来了巨大损害。长年的资源型经济结构，高强度的矿山采选、冶炼加工等，导致污染物排放超出环境容量，造成大气、水、土壤污染物指标超出环境功能要求；而资源消耗对生态环境的破坏又超出生态系统的恢复能力，造成的水土流失、植被破坏等又直接导致了区域生态环境质量下降。当前的突出性问题有：资源浪费严重，城市建设的盲目、低水平，小煤窑现象，非资源产业不发达，“城中村”等。高度资源依赖型经济付出了沉重的环境、资源代价，引发了突出的环境污染、生态破坏问题。经济增长引发的环境问题已严重制约到经济发展的可持续性。在资源型城市振兴过程中，环境是保障，是载体，也是资源型城市振兴的制约因素。环境问题解决不好，就不会有真正意义上的资源型城市的振兴。

生态城市是健康的城市生态系统。健康的城市生态系统不仅意味着为人类提供服务的自然环境和人工环境所组成的生态系统的健康和完整，也包括城市人群的健康和社会健康。生态城市是未来城市的发展趋势，煤炭资源型城市与其他资源或非资源型城市一样，要实现城市的可持续发展，就要向生态城市转型。

晋城市是一座中小型的煤炭资源型城市，未来发展的潜力还很大。及早吸取老煤炭工业城市的教训，向生态城市转型，不仅可以有效控制和解决各类环境问题，提高综合治理生态环境的水平，而且关系到晋城市整体的环境质量和未来发展。本书试图在对晋城市资源承载力和环境现状分析的基础之上，找出晋城市由煤炭资源型城市转型所面临的问题，运用系统理论，提出切合晋城市实际的城市转型与城市生态环境建设对策，为晋城市的未来发展贡献自己的一份力量。同时也可以为其他资源型城市转型与城市生态环境建设提供借鉴。

第二节 国内外资源型城市的相关研究

一、国外研究现状

资源型城市在大多数国家的国民经济中具有举足轻重的地位。国外对资源型城市已进行了大量研究，主要研究成果来自于加拿大、澳大利亚和美国，尤其是加拿大学者的研究成果和理论建树最引人注目。早在 20 世纪 30 年代，加拿大著名地理学家伊内斯（H. A. Inns）便对资源型城镇进行了开创性的研究，但比较系统的研究却出现在 60 年代以后。1962 年，加拿大学者鲁宾逊（I. M. Robinson）首次对加拿大资源型城镇进行了全面的评估，此后赛门斯（L. B. Siemens）、卢卡斯（R. A. Lucas）、马什（B. Marsh）、沃伦（R. L. Warren）、霍顿（D. S. Houghton）、巴恩斯（T. J. Blames）等从不同层面对资源型城镇进行了研究。

在国外有关资源型城镇问题的早期研究中，学者们更多地注重对资源型城镇个体的实证研究，通常以单一城市或特定区域中的若干城市为研究对象，运用传统的行为地理学、城市规划学和区域发展理论，重点研究资源型城镇的人口特征、城镇变迁和规划问题以及其他社会问题，这一时期从 20 世纪 30 年代一直持续到 70 年代中期。在这一时期，国外对资源型城市的研究主要从四个方面进行，即经济结构转型研究、社会学研究、人口特征研究、矿区发展生命周期研究。具有代表性的研究有：

（1）马什对美国宾夕法尼亚东北部煤炭城镇居民社会归属感的研究。他认为，从时间上看，煤炭城镇经历了两个不对称的阶段：一是早期工业化阶段，此阶段环境向新来的居民提供物质财富，但精神财富贫乏；二是衰退阶段，此阶段环境向居民提供精神财富，但物质财富短缺。他认为兴盛期与衰退期之间是几十年的稳定期，这一时期对煤炭城镇具有强烈影响，这种影响即表现在自然景观上，也表现在人对自身所处地位的认识上。

（2）沃伦对资源型城镇社区的社会互动问题的研究。他认为，社会互动分为垂直和水平两个方向的互动：垂直互动是社区内社会单元与社区外社会单元的联系；水平互动是社区内不同单位间的联系。如果一个社区中的社会单位没有很强的水平互动，那么社区对区内生活环境的控制力较弱，而且那些具有较强垂直互动的社会单位将难以适应当地的传统和生活方式。以规划为手段来加强资源型社区的社会互动，将特殊的社会和自然特征融入城镇规划，用以强化社会互动已成为加拿大一个重要的规划理念。

（3）布莱德伯里从人口迁移的角度对加拿大魁北克—拉布拉多地区资源型城镇的人口特征进行了研究。他指出，采掘业具有强烈的周期性，兴盛期就业岗位多，劳动力迁入；衰退期劳动力迁出。

（4）卢卡斯于1971年提出矿业城市发展四阶段理论，即建设阶段、雇佣阶段、过渡阶段和成熟阶段。在建设阶段和雇佣阶段，人员变动很快，性别比例扭曲，出生率高；在过渡阶段，聚居地从依附一家企业或公司变成独立的社区，居民自己管理社区，稳定感与参与意识形成；在成熟阶段，老年劳动力流动率降低，退休比率增加，部分年轻人被迫离去。

马什和沃伦主要是对资源型城镇的社会学和心理学进行研究，布莱德伯里主要是对矿业城市人口的特征进行研究，卢卡斯主要是对矿区发展生命周期进行研究。这一阶段的研究，没有意识到资源型城镇将来有下滑、衰退甚至是关闭的可能，也未能从国家或区域经济循环中考虑资源型城镇问题。

20世纪70年代末到80年代中期，发展经济学中的二元结构论、依附论和资本积累与国际化理论和依附理论被引入到资源型城市的研究之中，开始了实证研究和规范研究的结合，研究对象转向城市群体。布莱德伯里和其他学者利用依附理论对资源型城镇的增长与衰退及其社会、经济特征予以解释，对早期的理论、方法和研究内容提出质疑。如布莱德伯里对加拿大资源型城镇进行了深入研究，并对卢卡斯单一资源型城镇生命周期理论进行了发展，提出了第五、第六两个阶段，即下降阶段和关闭阶段。他认为，以前的研究没有对资源型城镇社会经济问题背后的结构性因素做充分的分析，合理的资源型城镇发展理论的建立，应依赖于对不平衡发展和资本积累过程和背景的理解。

第三个时期是20世纪80年代中期至今，这一时期对资源型城镇的研究转向了经济结构、劳动力市场结构，以及资源枯竭型城镇振兴等方面，经济结构调整和劳动力市场分割理论逐步得到了应用，在研究方法上以描述性、概念性的实证研究占多数，而理论性的规范研究成果及构造模型、运用统计方法相对较少。代表人物有海特（R. Hayter）、巴恩斯、兰德尔（J. E. Randall）、艾恩赛德（R. G. Ironsides）、布莱德伯里等。这一时期的主要研究成果有：布莱德伯里为解决资源枯竭型城镇面临的问题提出的一系列措施，包括建立早期预警系统，制定财政援助、转岗培训、搬迁和工作分享政策，建立社区赔偿基金和专项保险机制，促进地区经济基础的多样化，实行地方购买策略，进行区域规划，建立结构联系等；海特和巴恩斯通过对加拿大矿业型城镇劳动力市场的研究发现，加拿大资源型工业经历了两个劳动力市场分割阶段，前一个阶段与福特主义生产相适应，后一个阶段与灵活的专业化生产相适应，一个二元劳动力市场正在加拿大很多偏远地区形成，即中心工作区（Central Work World，即 CWW）和边缘工作区（Marginal Work World，即 MWW）；里德比特（Lead Beater）从居民就业与劳动力的角度研究了加拿大 Elliot Lake 等单一产业资源型地区的经济发展，并提出了一系列政策建议。

对国外资源型城市研究的评价。在英文中对应于资源型城市的表述大体上有 resource-based town、mining town、company town 等，它们所代表的实际上是一些在公司主导下形成的、以单一采掘业为主的城市。按其所处位置和经济情况，称为边缘（或孤立、偏远、周边、困境中）的城镇（或居民点、社区、地点、地区）；按其单一产业特征，称为资源型、矿业开采、单一公司、单一企业、单一产业城镇。这些资源型城镇的突出特点是：

（1）形成和发展过程受垂直一体化大公司的控制和影响。这些公司出于对资源利益的需求而进行投资，但很少会考虑地方的发展。资源型城镇的生存和发展与垂直一体化大公司的战略决策息息相关。

（2）考虑到成本因素，公司会尽可能地减少驻地的员工数量并严格控制基础设施的投入。通常在矿区的周围只能形成一些基本的社区服务，因而不会集聚大规模的人口。一旦资源开采活动结束，如果没有别的发展机会，大多数的城镇只能保持一个社区（community）的状态，很难再有所发展。

(3) 由于其规模小、人口少和缺少具有社区凝聚力的社会组织与政治组织，又由于国外健全的社会保障体系和人口流动机制，因而对国家的经济和政治影响小，政府通常并不在意其存在或消失。

正是由于研究对象自身的特点，国外对资源型城镇的研究大都集中在其发展中的社会问题与心理问题、矿区的生命周期、工矿城镇的兴起与衰落等方面。比如，对社会互动（social interaction）问题所做的研究主要是为了解决资源型城镇发展中的社会问题和心理问题；关于资源型城镇生命周期、资源型城镇与垂直一体化大公司之间关系、资源型城镇与其服务的中心地区之间关系的理论主要是分析工矿城镇的兴起与衰落。因此，总体来看，国外的研究更多关注的是资源型城镇的生存和发展状态及其运行机理，而对资源型城镇的转型和持续发展研究较少。尽管如此，国外对资源枯竭城镇振兴的研究也不乏真知灼见，如布莱德伯里提出的诸如建立早期预警系统、制定财政援助和转岗培训以及搬迁和工作分享政策、建立社区赔偿基金和专项保险机制、促进地区经济基础多样化、实行地方购买策略、进行区域规划、建立结构联系等，都具有重要的借鉴意义。同样，国外对资源型城镇二元结构也都具有重要参考价值。在研究方法上，国外注重实证研究和规范研究并将两者结合起来，特别是对发展经济学中的二元结构论、依附论和资本积累与国际化理论的应用值得学习。

二、国内研究现状

与发达国家相比，我国的工业化和城市化进程较晚，相应的大量资源型城市的形成也较晚。20 世纪 50 年代的国际政治经济环境决定了新中国不可避免地要实践以重工业为主的工业化模式，只有依靠有计划的集中使用资源才能克服资源短缺对工业化的约束。在这种背景下，国家集中投入大量人力、物力、财力，资源型城市蓬勃兴起。由于国民经济和社会发展的急迫需求，我国资源型城市从发展之初就走上了一条追求资源产品扩张的道路。由于这个阶段资源开发尚处于增产期，城市的长期或持续发展并未受到充分关注。我国学者对资源型城市的研究，主要是在20世纪80年代以后。由于多数资源都有稀缺性、生产周期长或不可再生性等特点，随着开采时间的延续，这些资源型城市不同程度地出现了资源衰竭、人员过剩、城市发展相对趋缓，甚至持续衰退等诸多问题，尤以煤炭、石油、林业城市最为明显。在宏观背景的调整下，研究重点转向了在新的背景下的布局与规划、产业结构调整、城市发展机理、城市可持续发展和经济转型，并且成为诸多学科关注的焦点问题。

按照所研究的主要内容，我国对资源型城市的研究可以分成两个阶段：

第一阶段是工业综合发展与布局规划的研究阶段（从20世纪70年代末期到20世纪80年代末期）。随着国家总体发展战略的改变，特别是由计划经济向市场经济转轨以后，资源型城市的发展开始显露出一些问题，如经济增长缓慢、经济效益下降等。由于煤炭城市比重大而且问题较多，因此对煤炭城市发展问题的研究所占比例最大。李文彦（1978年）首先提出了煤炭城市工业发展的综合化问题，论述了这类城市综合发展的必要性及综合发展的方向，并且具体总结了当时煤炭城市综合发展的三种类型，即多门类重工业基地、以煤—电—化为中心的工矿基地和煤炭—地方工业结合的工矿中心。魏心镇（1981年）、梁仁彩（1985年）等人也分别就煤矿区地域工业综合体的形成与发展、煤炭基地的类型与综合发展等问题进行了研究，进一步发展了煤炭城市工业综合发展的思想。马清裕（1981年、1986年）对包括煤炭城镇、油田城镇、金属矿区城镇、非金属矿区城镇在内的工矿区城镇进行了比较研究，综合阐述了不同时期、不同地理条件下工矿区城镇的工业结构类型及其发展特征。另外，还有一些学者研究了具体城市或地区工业的综合发展。同时，一些学者进一步对资源型城市的布局规划进行了研究。李文彦（1978年）认为，对煤炭城市的规划应当充分注意其特殊性，在合理确定城市工业发展方向的基础上，通过合理布局掌握好不同阶段煤炭工业同其他工业的协调关系，结合矿区条件合理规划居民点，重点解决好煤矿占地问题。马清裕（1981年、1986年）对工矿区城镇人口增长与规模预测进行了研究，指出了这类城市人口随资源开发变化的规律性，并且从区域角度详细探讨了工矿区城镇的合理布局。马清裕指出，工矿区城镇具有布局分散的特点，应当处理好主城区与工人镇之间的关系，避免城市压矿，尽量依托老城发展，做到分散与集中相结合。邓念祖（1990年）指出，工业布局混乱、功能分区不明确、环境质量低劣、铁路与市内交通混杂、城镇土地利用率低是工矿区城镇布局存在的主要问题。对这类城市的规划，应当根据资源开发的不同阶段采用不同的措施。矿区城镇布局主要应注意的是：充分利用和扩建原有城镇；工业企业成组布局；建立联合工人镇；建设工农新村；避免城市压矿；加强规划管理。此外，樊杰（1988年）还探讨了煤矿区国土规划的思想方法及应该注意的一些问题。这个期间，一些行业性学术团体和资源型城市地方政府介入和加强了资源型城市问题的研究。1987年，以煤炭部门（城市）为主，召开了“全国煤炭城市经济社会发展问题研讨会”并出版了论文集。同年，煤炭城市政策科研组出版了有关煤炭城市发展政策方面的报告。1986年，受大庆市人民政府委托，中国科学院和大庆市组成联合课题组进行“大庆区域发展战略”的研究工作，得出了长达100多万字的系列研究报告，此报告于1991年由中国社会科学出版社出版。

第二个阶段是城市经济转型与可持续发展研究阶段（从20世纪90年代到21世纪初）。进入20世纪90年代，一方面，实现经济社会的可持续发展已经成为世界发展的重大主题；另一方面，随着国家经济高速发展战略以及体制改革的推进，特别是在市场经济发展进程中，我国相当多的资源型城市面临的矛盾日趋尖锐，已经给整个国民经济发展带来严重的负面影响。国家和社会各界对资源型城市的发展问题日益关注。这一阶段的研究成果很多，主要集中在产业结构调整、可持续发展、城市运行机理和城市经济转型方面。可持续发展理论、区域经济理论、城市经济理论及产业经济转型理论等被用来研究资源型城市的发展问题。具体研究内容有：

（1）产业结构调整。樊杰（1993年）利用聚类分析的方法，把煤炭城市的工业结构划分为5种类型。通过对5种类型城市经济效益的比较，指出产业结构单一是导致煤炭城市经济效益差的主要原因。在市场经济条件下，产业结构单一会直接导致城市财力严重不足、就业困难、生态环境恶化、自我积累和发展能力微弱等一系列问题。因此，在国家投资和财政政策发生重大变化的背景下，产业结构的调整势在必行。樊杰提出了煤炭城市产业结构调整的基本思路：及早着手，早做准备；以宏观区域背景条件为基础；产业选择立足于当地资源优势和基础设施条件；城镇产业布局力求集中；重视对新机制和政策的运用；加强对环境整治的统一部署。刘洪（1992年）、刘家顺（1992年）、程绪平（1994年）、赵宇空（1995年）、胡玉才（1996年）、许光洪（1998年）、关凤峻（1999年）、刘去刚（2000年）、武春友（2000年）、栾华贺（2000年）等大批学者都对资源型城市产业结构调整问题进行了研究，探讨了产业结构调整的原则，指出产业结构调整必须面向市场、注重科技、坚持效益、发挥优势，并且要注重优势的延伸与优势的转换。沈镭（1998年）把资源型城市产业结构的转换总结为优势替代、优势再造、优势互补、优势延伸和优势挖潜5种模式。大多数学者都指出，产业结构多元化是资源型城市发展的必然选择，发展资源深加工、发展非资源主导产业、发展第三产业是产业结构调整的主要方向。

（2）城市的可持续发展。沈镭（1998年、1999年）指出，资源型城市可持续发展的特殊性在于：矿区向城市演变的突发性、城市化水平的低层次性、高工业化的虚假性、基础设施的滞后性、工矿企业与城市机制的约束性、资源环境的限制性。矿竭城衰、体制束缚、区位偏离、环境恶化、产业递进缓慢是制约资源型城市可持续发展的主要问题。矿业城市可持续发展需要把握矿区生命周期、抓好经济结构转换、强化城市职能、提高外向度、加快政企分开、加强环境保护等。马传栋（1999年）把煤炭城市按照可持续发展水平分为具有初步持续发展能力的城市、向可持续发展状态过渡的城市、存在大量经济和环境问题的城市。夏永祥（1998年）认为，实现矿业城市的可持续发展，要抓住两个大的方面，一要延长资源开采年限，推迟资源枯竭期的到来；二要针对资源枯竭后可能出现的问题，事先采取应对与预防措施。张以诚（1997 年、1998 年、1999 年）把矿业城市按照成因分为有依托城市和无依托城市，论述了矿业城市可持续发展中面临的主要问题及成因，并提出了相应的对策建议。杨铁良（1993 年）、韦朝阳（1997 年）则集中探讨了煤矿区国土整治与生态环境的综合治理问题。贺艳（2000 年）提出了资源型城市的再城市化问题。周海林（2000 年）、陈旭升（2003 年）对资源型城市可持续发展的指标体系进行了初步探讨。

（3）城市运行机理和城市经济转型。周长庆（1994 年）较早分析了资源型城市的运行机理问题，指出我国资源型城市具有城市与基地双重属性和产业结构、管理体制、发展目标及城市功能上的二元结构，并论述了其协调发展中应处理好的几个关系。周德群、汤建影、程东全（2002 年）对我国矿业城市的沿革、界定与分类问题进行了探讨，并从中选出 51 个矿业城市作为样本，对其社会经济结构及动态演化特征进行了研究，从动态监控系统、可持续发展基金和产业壁垒三个方面提出了政策建议。刘云刚（2002 年）分析了资源型城市发展的主要因素以及在此因素作用下的资源型城市发展机制与模式，探讨了未来资源型城市的发展趋势，并提出城矿分离、基地转化、产业调整援助、发展条件改善、环境保护和控制五个方面的调控政策。张米尔（2003 年）着眼于资源型城市产业转型研究，提出了与资源开发阶段相匹配的产业转型政策；对资源型产业进行了基于组织结构的分类，以石油城市和煤炭城市为代表，研究了不同产业组织结构对产业转型的影响，并提出了不同产业组织结构下的产业组织结构对产业转型的影响，并提出了不同产业组织结构下的产业转型对策；将资源型城市产业转型分为产业延伸、产业更新和复合模式，并分析了影响产业转型模式选择的关键因素；提出了基于投资主体特征与项目投资机会和项目成功因子匹配度的项目机会选择的匹配矩阵方法，用于产业转型中的投资决策；研究了资源型城市区域创新系统中的交易费用和道德风险，提出了整合内部创新资源和利用外部创新资源构建资源型城市区域创新系统的对策。王青云（2003 年）对资源型城市经济转型进行了研究，分析了我国资源型城市存在的问题及推进转型面临的困难，并提出了转型的一些思路和对策措施。同时，对我国有代表性的煤炭、冶金、石油、森工城市的经济转型进行了初步分析。齐建珍等（2004 年）将资源型城市转型作为一门学科提出，从各个方面对资源型城市转型进行了探讨，包括：转型中的产业更替、运行系统、评价体系等。宋冬林等（2004 年）将资源型城市转型纳入经济学的分析框架，探讨了沉淀成本与资源型城市转型问题，包括：资源型城市沉淀成本形成的条件、有沉淀成本的动态投资模型、资源型城市沉淀成本的补偿机制等。此外，有的学者对国内外资源型城市的发展模式进行了比较研究，提出我国资源型城市的发展应立足于中国国情，并注意借鉴国外资源型城市的成功做法。还有许多学者对具体城市和区域进行了实证研究，比如大庆区域经济调整规划项目组（1995 年）对大庆市的研究，王颖、孙斌栋（1997 年）对盘锦市的研究，梁亚红（1998 年）对平顶山市的研究，沈镭（1995 年、1998 年）对河西走廊矿业城市和大同市的研究，姚建华（1998 年）对金昌市的研究，臧淑英（1999 年）对鸡西市的研究，张红（1999 年）对甘肃矿业城市的研究，段汉明（2000 年）对韩城市的研究，蒋建权（2000 年）对东北地区煤炭城市的研究，王国栋（2001 年）对辽源市的研究等。这一阶段，相关研究得到了国家、资源型城市地方政府和各学术团体的大力支持。国家自然科学基金曾于 1991 年和 1996 年支持李秀果、沈镭等分别进行了中国矿业城市的结构调整、中国五种不同类型矿业城市持续发展的课题研究；国家社会科学基金于 1992 年支持鲍寿柏等进行了专业性工矿城市发展模式的比较研究。1995 年，大庆区域经济调整规划项目组对大庆市的研究还得到了联合国开发计划署的援助。进入 21 世纪，相关研究进一步得到社会各界和各项基金的大力支持。

对国内研究的评价。我国资源型城市与国外特别是发达国家资源型城市之间有较大区别，其特点是：

（1）城市发展不受私人资本的控制，国家资本和地方政府在发展中起主导作用。

(2) 城市规模较大，许多都具有地级或县级的行政建制，人口规模都在几十万甚至百万以上，是地区政治、经济和文化中心。

(3) 许多城市都处在城市化水平很低的地区，它们不仅承担着资源开发功能，而且还是所在地区经济发展的推进型单元（propulsive unit）。一些城市已经具有产业多元化发展的基础和经济转型的可能性。

(4) 许多城市人口大规模转移困难，有重大社会稳定问题，对国家经济和社会发展产生重要影响。

与这些特点相适应，我国对资源型城市的研究更多关注于其产业结构调整、可持续发展和经济转型。总体来看，参与研究的人员在增多，研究层次在逐步加深，已经从单项研究走向综合研究，从个别的实证研究开始走向规范的理论研究。但是，大多数成果主要以归纳的方法对资源型城市的特征和存在的问题进行分析，并提出相应的对策。实证研究对象主要集中在最早陷入困境的煤炭城市，研究内容的涵盖面较窄。有关资源型城市的研究尚未引起管理学界和经济学界的足够重视。经济学分析方法应用很少，理论性的规范研究同样显得不足。20 世纪 90 年代中期以来，我国经济的市场化进程明显加快，资源型城市发展中的矛盾和问题日趋尖锐，转型实践也大大加快。但是，转型理论的研究滞后于转型实践，尚不能为转型实践提供科学、全面和有效的理论指导。

第三节 国内外生态城市建设

一、国外生态城市建设研究

“生态城市” 概念的提出，与城市生态系统的研究紧密相关。19 世纪，德国人韦伯的《城市发展》、英国人吴温的《过分拥挤的城市》、霍华德的《田园城市》等都是很有影响的著述。20 世纪初期，英国生物学家盖迪斯（Patriek Gedds）在《进化中的城市》（Citiesin Evolulion，1915 年）中，把生态学的原理与方法应用于城市规划与建设，为研究生态城市奠定了基础。1916 年，美国人泊克在其《城市环境中人类行为的几点建议》中，将支配自然界生物群落的某些规律，如竞争、共生、演替等应用于城市研究，开创了城市环境生态研究的新领域。1933 年，《雅典宪章》规定“城市规划的目的是解决人类居住、工作、休憩、交流四大活动功能的正常进行”，进一步明确了生态城市有机综合体的思想。20 世纪 60 年代以后，以卡森（Rachel Carson）的《寂静的春天》（1962 年）、罗马俱乐部的《增长的极限》（1972 年）、丹尼斯·L·米都斯（Dennis. L. Meadows）、芭芭拉·沃德、勒内·杜博斯等人的《只有一个地球》（1972 年）为代表的著作，阐述了经济学家和生态学家们对世界城市化、工业化与全球环境前景的担忧，从而激起了人们研究城市生态系统的兴趣，城市生态学进入了一个大规模的发展阶段。美国著名生态规划学家麦克哈格首先扛起了城市生态规划的大旗，他在《设计结合自然》中运用生态学原理，研究大自然的特征，充分结合自然进行设计，并创造了科学的城市生态设计方法，为城市生态学开辟了一条技术路线，对城市规划、景观规划和建筑学产生了重大影响。及至 1971 年，联合国教科文组织在第 16 届会议上，提出了“关于人类聚居地的生态综合研究”，明确提出要从生态学的角度用综合生态方法来研究城市，在世界范围内推动了生态学理论的广泛应用与生态城市、生态社区、生态村落的规划建设与研究，“生态城市”的概念应运而生。这一崭新的城市概念和发展模式一提出，就受到全球的广泛关注。1990 年，“第一届国际生态城市研讨会（International Eco-city Conference）”在美国加利福尼亚的伯克莱召开，与会 700 多名来自世界各地的专家、学者就如何按照生态学原则建设城市提出了一些具体的、开创性的建议，并草拟了今后生态城市建设的十条计划。1992 年，在澳大利亚的生态城市阿德雷德举办了“第二届国际生态城市学术研讨会”，大会就生态城市设计原理、方法、技术和政策进行了深入的探讨，并提供了大量的研究案例。同年，在巴西里约热内卢召开的“联合国环境与发展大会”上也举办了未来生态城市全球最高论坛。1996 年，在西非的塞内加尔（Segenal）举行了“第三届国际生态城市会议”，会议进一步探讨了“国际生态重建计划（International Ecological Rebuilding Program）”。1997

年，在德国莱比锡召开的“国际城市生态学术研讨会”也将生态城市作为主要议题之一。同年，国际现代建筑学会组织通过了关于“生态城”的宪章，提出了通过城市规划来实现城市生态系统与自然生态系统的协调。此后，有关探讨“生态城市”的设计原理、方法、技术和政策的书籍、会议如雨后春笋不断涌现出来，在国际互联网上也出现了专门讨论和研究“生态城市”的网站。

二、国内生态城市建设研究

我国城市生态学的研究起步较晚。1972 年，中国参加了 MAB 计划的国际协调理事会并当选为理事国；1978 年，建立了中国 MAB 研究委员会；1979 年，中国生态学会成立；1982 年 8 月 28 日，在第一次城市发展战略思想座谈会上提出了“重视城市问题，发展城市科学”的重要主张，城市生态学正式列题，把北京和天津的城市生态系统研究列入 1983 ~ 1985 年的国家“六五”计划重点科技攻关项目。1984 年 12 月，在上海举行的“首届全国城市生态学研讨会”，可以认为是我国城市生态学研究、城市规划和建设领域的一个里程碑。同年，成立了中国生态学会城市生态专业委员会，为推进中国生态学研究的进一步开展和国内外学术交流开创了广阔的前景。1985 年，钱学森教授在发表《关于建立城市学的设想》论文中倡导建立城市学学科。1986 年，我国江西省宜春市提出了建设生态城市的发展目标，并于 1988 年初进行试点工作，可以说迈出了我国生态城市建设的第一步。1987 年，黄光宇教授在四川乐山市城市总体规划中进行了乐山生态城市的规划实践，其成果及论文《论生态城市概念与评判标准》参加了 1992 年在巴西召开的“世界环境与发展大会”的“未来生态城市”的非政府高峰论坛及展览，受到国内外的广泛好评。1988 年，王如松教授出版了《高效—和谐—城市生态调控原则与方法》一书。1990 年，钱学森教授又提出了“人离开自然又要返回自然”的“山水城市”的概念。1996 年，王如松、欧阳志云的《天人合一：山水城市建设的人类生态学原理》一书从哲学与战略的高度为城市建设指明了方向。所有这些都表达了人们对理想居住环境的不懈追求。

三、国内外生态城市建设实践

建设生态城市从本质上讲是一个庞大而又复杂的系统工程，首先，它涉及经济学、技术水平、思维方式、人们的生活模式、消费方式等各个方面；其次，生态城市的实现也有赖于各个国家的政府决策部门和执法部门，他们对于形成良好的生态城市具有重要的影响。从生态城市的具体建设来看，世界上已有不少国家的城市生态化建设在不同程度上取得了成功。美国、澳大利亚、英国、印度、巴西、丹麦、瑞典、日本等国家对生态城市建设提出了基本要求和具体标准。例如，巴西的库里蒂巴（Curitiba）和桑托斯市、澳大利亚的怀特拉、新西兰的怀塔基（Waitakere）市、德国的埃尔兰根（Erlangen）、澳大利亚的怀阿拉市、印度的班加罗尔、哈利法克斯生态社区、丹麦的哥本哈根以及美国的伯克利、克利夫兰、亚特兰大都市区都启动了生态城市建设计划，取得了令人鼓舞的成绩和可用于实际操作的成功经验。在国外生态城市建设的影响下，我国从20世纪80年代初开始进行城市生态研究，北京、天津、上海、长沙、宜春、深圳、马鞍山等城市都相应开展了研究，主要集中在对城市生态系统分析评价和对策上。其中，江西宜春市是我国第一个生态市的试点。长沙市生态建设规划的研究编制，使我国的城市生态应用研究从分析、评价阶段向综合规划、统筹建设的阶段迈进了一步。进入20世纪90年代，我国建设生态城市的呼声越来越高，具备了一定的理论和实践基础。目前，我国一些条件较好的城市，如上海、大连、常熟、北京、广州、深圳、杭州、苏州、天津等也提出要建设生态城市的设想，并开展了广泛的国际合作和交流，积极采取步骤加以实施。最近，中德两国开展的“扬州生态城市规划与管理”的合作研究项目就是其中的一例。

四、生态城市建设展望

生态城市建设是一项长期性、持续性、社会性的系统工程。既要处理好经济建设与自然环境的协调关系，又要处理好发展与自然的理性关系，同时还要处理好人与自然的审美关系。

从生态城市的具体建设来看，就全球范围而言，国外对生态城市理论的研究非常注重实用性和可操作性，他们设计的理念和思路比较具体，结合了西方社会的现实问题。如发达国家的生态城市建设，主要侧重于强调发展公共交通系统与土地的综合利用。因此，国外生态城市理论与实践的联系较强，能很好地解决生态城市规划和建设中的许多问题。

而我国生态城市研究比较注重融合中国传统文化，注重整体性，理论更加系统，并主要集中在生态学界和规划界。虽然国内学术界在生态社区、生态村、生态县的规划方面做了很多积极的探索，很多城市提出了建设生态城市的设想，但生态城市理论对目前城市规划的影响还相当有限。

综观国内外学者对生态城市的研究，多偏重于城市局部或某一问题的微观层次，如城市绿地系统建设、水环境治理、大气污染控制等，缺乏从宏观综合的角度进行系统研究和整体把握，而且内涵和外延也比较模糊，多停留在表面的描述，缺乏深入剖析，使人们认为生态城市就等同于花园城市、环境优美的城市。这说明生态城市的理论还需在深度和广度上进行深入研究。另外，在方法上，国内外学者大多从本学科的专业角度进行研究，各学科没有很好地结合，缺乏对生态城市理论、技术方法的横向联合。城市是一个复杂的巨大系统，生态城市本身就有跨学科性质，研究内容必然涉及多学科。因此，应加强城市规划学、生态学、地理学、社会学、经济学、建筑学、园林学、环境学、系统科学、哲学、美学、伦理学等相关学科在生态城市研究、实践中的融合和交叉运用。利用系统论方法，从更大的循环系统、更广的时空范围来考察、认识和把握生态城市理念和规划设计方法。同时注重理论研究和实践应用相结合，把历史、现实和未来结合起来，使生态城市的研究更富有生命力。

由于我国经济落后，基础薄弱，经济发展是第一要务，不少城市（特别是资源型城市）盲目追求经济发展，导致经济重复建设、资源过度开采、环境污染严重、社会发展缓慢，城市面临经济社会转型和环境污染治理的双重压力，与生态城市要求的自然、社会、经济相协调的目标相差甚远。如果将生态城市——技术与自然充分融合，人的创造力和生产力得到充分发挥，居民的身心健康和环境质量得到最大限度的保护，物质、能量、信息高效利用，生态良性循环，紧凑、充满活力、节能，经济社会与自然和谐——作为这类城市的发展目标未免过高。在这种情况下，建议把生态城市建设分成两个阶段，即狭义生态城市建设阶段（初级阶段）和广义生态城市建设阶段（高级阶段）。前者的目标在于改善城市自然环境，后者的目标在于使社会、经济和自然和谐。城市应当先实现初级阶段建设目标，然后再进入高级建设阶段。

城市生态建设是一项庞大的系统工程。政府是城市生态建设的主体，起到决策、规划、管理的关键作用。建设过程中需要环保、规划、产业、园林、交通、供水等各政府职能部门的协调，只有这样才能实现城市经济、社会和自然的协调。要通过有效措施和艰苦努力，把城市建成“山翠城绿、鸟语花重、天蓝水清、风柔气顺、物丰景美、人和寿长”的生态城市。

第四节 本书的基本框架及主要内容

一、研究的框架结构及内容

全书共分三篇六章。

第一篇分为两章，以理论研究为主。第一章是绪论。主要介绍本书的研究背景、研究意义，对国内外以往研究成果进行梳理与评价，总体说明本书的框架结构及内容、研究方法与研究思路等。第二章是资源型城市转型与城市生态环境建设的理论基础，共有四大基础理论。首先从资源型城市的定义、特征、界定、分类，阐述了资源型城市的基本理论；其次从生态城市的概念、生态城市建设、实例及展望了解了生态城市理论；接着通过可持续发展的概念、内涵、基本原则等介绍了可持续发展理论；最后研究的是循环经济理论，包括循环经济的概念、特征，以及循环经济模式下资源型城市的发展方向及途径。

第二篇分为两章，主要是实证分析，分别选取了国内外有代表性的一些资源型城市，对其成功转型和进行城市生态环境建设进行了案例剖析。第三章讨论了国外资源型城市转型与城市生态环境建设的模式及经验教训，重点对德国鲁尔区“转型型”范例、美国匹兹堡“复兴型”范例、法国洛林地区“告别型”范例进行了解剖。它山之石，可以攻玉。系统分析这些不同发展结局的国外典型案例，对于我国资源型城市的转型发展具有重要的借鉴意义。第四章讨论了国内资源型城市转型与城市生态环境建设的几个范例，有“生态铜都建设与循环经济推进”的安徽省铜陵市、“从黑色到绿色”的河南省焦作市、“退工进农”的辽宁省阜新市等。这三座资源型城市的转型发展各具特色，给众多的资源型城市转型带来新的启示。

第三篇重点以编者所生活、工作的山西省晋城市为例，论述了晋城市城市转型与城市生态环境建设的实践与探索，这一部分分为两章。第五章重点分析了晋城市概况、城市经济发展模式、资源环境承载力、环境质量现状、城市转型与生态环境建设的有利条件和制约因素。第六章重点分析了晋城市城市转型与生态环境建设的战略与构想，提出了晋城市经济转型的战略——发展循环经济、实现可持续发展和生态环境建设的构想，建设生态城市。

二、研究方法与研究思路

本书采用实证研究与规范研究、定量分析与定性分析相结合的研究方法。研究资源型城市转型与城市生态环境建设所涉及的研究领域较多，本书从以下路线展开：首先，进行了文献检索与查阅，对以往研究成果进行了梳理和分析，同时，对国内外典型资源型城市进行了对比分析，从而为晋城市城市转型与城市生态环境建设的研究打下理论基础和实证基础；在此基础上，分析了晋城市作为一座发展中的资源型城市，其发展模式、发展特点、资源环境承载力，找出了晋城市城市转型与城市生态环境建设的障碍性因素；之后，分别对晋城市经济转型与生态环境建设提出相应的措施与对策。在研究中，立足于规范研究和实证研究相结合，在实证的基础上不断进行总结和概括，形成具有说服力的结论。

第二章　资源型城市转型与城市生态环境建设的理论基础

第一节　资源型城市的基本理论

一、资源型城市的定义

（一）资源的定义

资源是指在一定的社会历史条件下存在的、能够为人类开发利用、在社会经济活动中经由人类劳动而创造出财富或资产的各种要素的总称。资源有狭义与广义之分。狭义的资源是指自然资源，包括土地资源、生物资源、水资源、气候资源、矿产资源。自然资源有耗竭性资源和非耗竭性资源之分，前者如各种矿藏资源，后者如太阳能、风能等。资源型城市中的资源属于耗竭性资源。耗竭性资源又可划分为两类：一类是可再生资源（如生物资源）与不可再生资源（如矿产资源）；另一类是可维持资源（如生物资源）与不可维持资源（如矿产资源）。资源型城市中的资源主要是不可再生资源和不可维持资源。需要特别提及的是，森林资源虽是可再生资源，但由于可再生的时间过长，并且一旦破坏，就很难恢复到原有的水平，从这个意义上，将其视为不可再生资源，因此，森林资源被列入资源型城市资源范畴。

广义的资源不仅包括各种自然资源，还包括经济资源、人力资源、科技资源、文化资源、旅游资源等社会人文资源。

（二）资源型城市的定义

资源型城市，也称“资源性城市”、“资源城市”、“资源指向型城市”。关于资源型城市的定义，至今还没有定论，国内外学者说法不一。刘云刚（2000 年）认为：资源型城市是指因当地森林、矿产资源的开发而兴起，并在一段时期内主要依靠资源型产业支持整个城市经济发展的一种特殊城市类型。它的经济结构具有强烈的资源指向性。张米尔、武春友认为：资源性城市是指依托资源开发和利用而兴建或者发展起来的城市，具体指以本地的某一种或几种可耗竭的自然资源的开发、生产、加工为主要经营活动的城市。“本地”和“可耗竭的自然资源”应是资源型城市界定的两个核心。美国 C. D. Hanis 先生指出：资源型城市为资源开采业产值占城市总产值 10% 以上的城市。还有的学者认为，“所谓资源型城市是指该城市富含某一种或某几种矿产资源，整个城市经济主要依托于对自身资源的开采、洗选、加工和销售，它所拥有的这几种资源产品市场价格的高低就直接决定了全市经济的兴衰。开采初期，由于资源品位高、开采成本低，开采企业拥有数量优势和成本优势，这类城市短时期就可以获得原始积累，从而使该地区经济发展水平高于全国平均水平。但随着资源枯竭、矿产品位下降、开采成本上升，这类城市的经济发展大都因为没能顺利完成产业转型而陷入衰退之中”。虽有多种不同解释，但核心内容是一致的，即资源型城市就是资源型产业占主导或支配地位的城市。由上面关于资源型城市中资源概念的分析可知，资源型城市所依托的自然资源是可耗竭或近似可耗竭的矿产资源和森林资源。

资源型城市作为“城市”而言，首先必须具有城市所共有的规模、性质和职能，即同样是一定数量人群聚居并从事生产、经营和生活的地域，具有为人们提供尽可能满足各项社会活动需求服务的基本职能，具有对一定区域的经济社会发展能起到带动、辐射、中心作用的一般城市特征。资源型城市之所以冠之以“资源型”，是因为资源开采和加工业在该城市产业结构中居支柱性或主导性的地位，资源型城市的主要功能或重要功能是向社会提供矿产品及其初加工产品，资源型产业的发展状况对城市的兴衰有着决定性的影响。资源型城市的定义给出了资源型城市的定性描述，这里有两点应特别强调：一是当地资源的开采，也就是说该城市必须有采掘业，否则，资源加工规模再大，比重再高，也不能称其为资源型城市；二是资源型产业发展的状况对所在城市发展有决定性意义，如果只是一般性影响，则也不能称其为资源型城市。

晋城市的主导产业都是围绕煤炭资源开发而建立的采掘业和初级加工业，是以煤炭资源为开采对象的资源产业，其矿业产业产值已远远超过当地地区生产总值的10%，而且晋城市是伴随着煤炭资源的开发而兴起，由于煤炭资源的开发促使其再度繁荣。因此，晋城市属于资源型城市的范畴。

二、资源型城市的特征

资源型城市的显著特征就是城市的兴衰与资源的可开采储量密切相关，与该城市资源型产业在经济结构优化升级过程中的地位密切相关，与该城市资源型企业的市场竞争能力密切相关。

我国资源型城市的总体特征是：

（1）资源的高度依赖性。资源型城市一般是在矿产资源为主的采掘业的基础上发展起来的，因而经济发展具有严重依赖自然资源的明显特征，主要表现在两个方面：一是资源的存在性是工业和资源型城市得以发展的必要条件；二是矿产资源的储量、品位和禀赋直接影响着资源型城市主导企业的效益和生命周期，城市中的其他产业也都依附和服务于资源产业。到开采后期，如不实施经济转型，则会“矿竭城衰”。

（2）城市空间结构的分散性。资源型城市的布局一般存在点多、线长、面广的特点，实际建成区比较低，不少资源型城市城内夹杂着良田、菜地等非城市景观，聚集度低。尤其是煤炭资源型城市，由于受到随矿建城模式的影响，形成了大分散、小集中、百里煤城、城乡交错的格局。城镇分散，布局失调，功能弱化的弊端日益显现。

（3）产业结构的单一性，产品的趋同性。绝大部分资源型城市都片面地强调自己的资源优势，并以开采、出售资源作为加快地区经济发展的主要动力，由此导致产业结构单一。产业结构单一这一特点在资源型城市兴起初期尤为突出。随着资源开采的外延逐步扩大，形成一些资源加工、服务等行业，但城市的功能即社区服务主要是围绕资源开发和加工展开的，城市的产业结构及其发展受到极大限制，并为经济转型留下了隐患。资源型企业生产的产品一般为某一种矿物产品，因而表现为产品单一；由于低档产品趋同，形成低水平、低附加值、低技术含量的重复建设和降低质量、压低价格的恶性竞争。

(4) 城市开发的突发性。一般来说，资源型城市往往不是区域经济发展的产物，而是在资源开发的基础上兴起和发展起来的，是为了满足国家对资源的需求而设立的。它并没有经过一个漫长的经济积累和准备阶段，而是有一个突发的启动阶段，这是资源型城市与一般自然形成的城市的主要区别。在发现资源之后，由于国家对资源的需求，国家往往加大了资源开发的力度，在相关政策、方针的指导下，大规模的人力、物力和资本，闪电般迅速注入，从而获取大量的能源、矿产品的输出。在聚集经济和规模经济的作用下，资源型城市的发展是极其迅速的。

(5) 城市功能的双重属性。资源型城市作为生产力的一种空间存在形式，具有城市与基地的双重属性：它既具备一般城市的共同属性，即地区行政中心、经济中心、文化中心、交通中心和信息中心；又具有特殊属性，即一种或数种资源和产品优势，使资源型城市又成为国家的重要工业基地。

(6) 对生态环境的破坏性。城市的生存和发展过度依赖对自然资源的开采，而对自然资源的过度开采，又加速了自然资源的枯竭，破坏了生态环境。据1998年的调查，在我国每采万吨煤炭引起地面下沉0.2hm^2；每形成万吨铁生产能力，需占地3.5hm^2；每采万吨矿石占土地0.5～1hm^2。我国因采空或者超采地下水引起的地面下沉、塌陷、滑坡、地缝及泥石流等地质灾害已达千余起；全国每年工业固体废弃物排放中85%以上来自矿山开采，现有固体废矿渣积存量高达6×10^9～7×10^9t，其中仅煤废渣就超过3×10^9t。矿产资源开发利用过程中对生态环境产生的危害，已成为许多资源型城市可持续发展的严重阻碍，成为政府需要破解的一道难题。近几年来，由于全球环保呼声日益增强，而治理环境和进行生态建设又缺乏足够的资金和可行的技术方案，这又加大了资源型城市环境治理的压力。

三、资源型城市的界定

界定资源型城市的定量分析是近年来的一个重要研究课题，直到目前为止，界定标准存在多种观点。国家计委宏观经济研究院2002年在《我国资源型城市经济结构转型研究》报告中，提出了我国资源型城市的界定原则和标准。他们认为：确定资源型城市首先应遵循两个原则，即发生学原则和动态原则；其次还应进行定性与定量相结合，以定量为主的分析。

（一）发生学原则

发生学原则，即城市的形成与发展与资源开发有密切关系。有两种模式：一种为“先矿后城式”，即城市完全是因为资源开采而出现的，如大庆、攀枝花等；另一种为“先城后矿式”，即在资源开发之前已有城市存在，资源的开发加快了城市的发展，如大通、邯郸等。刘云刚博士从发生学的角度来界定资源型城市。在城市发生学分类系统中，资源型城市是指因当地森林、矿产资源的开发而兴起的城市，并在一段时期内主要依靠资源型产业支持整个城市经济发展的一种特殊城市类型。资源开发是城市兴起的首要原因。具体来看，这类城市与其他类型城市的区别主要在于：

（1）大规模的资源开发早在城市设置之前就已经在城市所在地开始进行，城市一般建立在大型林矿区的基础之上。

（2）城市兴起依托的是大型的资源开发企业。在城市设置时，除了资源开发，该城市基本没有其他规模的经济活动。因此，资源型城市一般都存在一个或几个大型的资源开发企业；资源型产品，比如煤炭、原油、电力、木材、金属、非金属原料等，是该城市设置时主要的对外输出产品。

（3）对于建国时即认定的城市（历史城市），建国后资源开发是其再兴的主要原因。

按照这三条分类标准，最终界定中国资源型城市共有63个。如果估计到遗漏的可能，那么最终的数目也就在70个左右。

（二）动态原则

动态原则，即考察资源型城市必须要关注它的全过程。有些城市曾经是资源型城市，但通过若干年的经济转型后，资源型产业在城市经济中所占的比重很小，城市经济对资源型产业的依赖度很低，已不再是资源型了。

（三）定性与定量相结合，以定量为主

国家发展与改革委员会王青云博士依据下面四个指标界定资源型城市进行定量分析：

（1）采掘业产值占工业总产值的比重在10%以上。取10%这一临界值是因为：全国采掘业产值占工业总产值的比重一般为6%~7%，而我国所有城市这一比值平均为4%~5%；在研究地区支柱工业时，其最低要求是其产值比重大于5%。

（2）采掘业产值规模，对县级市而言应超过1亿元，对地级市而言应超过2亿元。

（3）采掘业从业人员占全部从业人员的比重在5%以上。确定这一标准主要是考虑到我国城市中采掘业从业人员占全部从业人员的比重平均为2%~3%，如果这一数值大于5%，则该产业对城市的就业稳定将产生较为重要的影响。

（4）采掘业从业人员规模，对县级市而言应超过1万人，对地级市而言应超过2万人。

原则上要求上述四个指标应同时满足。然后，根据定性分析与判断，对一些特别的城市做一些特别处理，确定的资源型城市共计118个，其中典型的资源型城市共有60个。在118个资源型城市中，煤城有63个，占53%。

此外，还有一些学者也曾对资源型城市进行了比较规范的职能意义的界定。具有代表性的如赵宇空（1995年）提出的以矿业产值占工业总产值的20%作为划分矿业城市的标准；马清裕（1986年）、沈镭（1999年）提出的以矿业从业职工占全部从业职工的15%以上作为矿业城市的标准；樊杰（1993年）、张以诚（1999年）提出的

以矿业产值占工业总产值的10%作为界定等。

四、资源型城市的分类

资源型城市有多种分类标准。

（一）按主导资源分类

按照城市兴起和发展所依托的主导资源类型的不同，资源型城市可以划分为煤炭资源型城市、石油资源型城市、金属矿产资源型城市、非金属矿产资源型城市和林业城市。

在五种类型的城市中，煤炭资源型城市最多，占资源型城市总数的将近60%，是中国资源型城市的主体类型。这些城市主要集中在以黑、辽、晋、鲁、豫为代表的东北和华北地区。

相对煤炭资源型城市，石油资源型城市的数量较少。我国石油资源的开发利用是在建国后才开始的，要比其他矿产资源晚，而且石油资源开发技术要求高，投资巨大。

金属矿产包括黑色金属和有色金属，由于金属矿产绝大部分都埋藏于山区，所以金属矿产资源型城市一般都是山区城市。

单纯依靠非金属资源而兴起的城市非常鲜见。非金属资源开采比较简单、分散，一般不能对城市兴起构成主要影响。中国的自贡市是一个特例，主要原因在于本地的盐业矿藏规模非常巨大，而且开采的历史比较长，逐渐吸引了人口的积聚而形成城市。

林业城市实际上都是由一个较大的居民点和若干小型林区居民点共同组成的群体城市，各居民点都归属于同一林业局管理，相互之间社会经济联系密切，属于一种极特殊的类型。

（二）按产生方式分类

按城市与其所依赖的自然资源开采和加工业产生的先后顺序，资源型城市可以分为有依托的资源型城市和无依托的资源型城市。

（1）无依托的资源型城市，指凭借资源要素的天然禀赋，通过人们后天开发建设而形成的单一产业型城市，即先开矿后建城。资源要素的天然禀赋是导致资源型城市产生的初始原因，先有资源，后有产业；先有企业，后有城市。如克拉玛依、大庆、白银、攀枝花、平顶山、金昌等。

（2）有依托的资源型城市，指城市或城市雏形已经存在，由于资源开发导致资源型产业的发展速度远远超过其他产业的发展速度，使资源型产业在城市经济中的地位逐渐上升，资源型城市的特征逐渐凸现，城市的性质也发生了蜕变。如山西大同、新疆库尔勒和乌鲁木齐、江西德兴、安徽铜陵、河北邯郸等。

（三）按城市规模分类

按照我国目前的城市划分标准，100 万人口以上的为特大城市；50 万~100 万人口的为大城市；20 万~50 万人口的为中等城市；10 万~20 万人口的为小城市；5 万~10 万人口的为建制镇（包括县城镇）；2 万人口以上的为集镇（一般指乡政府所在地或经济比较发达的集镇）。据此，资源型城市也可以划分为特大型资源型城市、大型资源型城市、中型资源型城市、小型资源型城市和资源型城镇。

（四）按发展阶段分类

由于受不可再生自然资源可采储量的制约，一个地方的资源型产业必然要经历“开发—建设—兴盛—萎缩—报废”的发展过程。资源型城市按其自然资源开发程度和发展阶段可分为三种类型：

（1）新建资源型城市。处于成长期或青年期，其特点是城市产业一般仅为矿产开采及初级加工，而且城市资源储量大，可供开采时间长，城市人口规模不大，城市发展潜力很大。

（2）中兴资源型城市。处于鼎盛期或壮年期，其特点是资源产业占据主导产业地位，并带动其他产业发展，运输业迅速发展，贸易、服务增加，因此，城市人口增长较快。

（3）衰退资源型城市。处于衰退期或暮年期，由于不可再生资源随着采掘业的发展不断减少、枯竭，或采选条件恶化、成本攀升、效益低下，或主打产品市场萎缩，作为主导产业的资源型产业陷入衰退，由此导致城市经济增长乏力，失业率升高，社会不稳定现象凸现。

此外，资源型城市按自然资源开发种类的多少划分，可以分为单一型资源型城市和综合型资源型城市。前者是以一种自然资源的开采和加工为主的城市；后者是以多种自然资源的开采和加工并重的城市。资源型城市按其产业结构中资源采掘业和加工业的产值比重分类，可以分为采掘型城市（采掘业一般占产值的70%）、采掘—加工型城市（采掘业一般占产值的50%以上）和加工—采掘型城市（采掘业一般占产值的50%以下）。我国大多数资源型城市在早期阶段以采掘型为主，经过采掘—加工型阶段之后，逐步过渡为加工—采掘型城市。

第二节　生态城市理论

一、城市生态系统概念

城市生态系统可概述如下：凡拥有10万以上人口，住房、工商业、行政、文化娱乐等建筑物占50%以上面积，具有发达的交通线网和车辆来往频繁的人类集居的区域，即可称为城市生态系统。

城市生态系统的研究，是城市生态学的一个主要内容，目的是寻求高度集中的人口及所从事的各种社会经济活动与自然环境的良好合作途径，以促进经济有序发展和生态系统的良性循环。在城市生态系统中，人是最重要的组成部分，其不仅数量大，而且是系统的主宰。此外，有的城市生态系统占有相当大的区域，如东京总面积达2133km^2，包括23个城区、7个圩镇和2个村落；又如北京，拥有19个县区，城区面积达346km^2，全市面积达1680km^2。在这样大的区域中，地面几乎全部被住房、工商业、行政、文化娱乐等建筑物和道路所覆盖，绿地很少。如北京四个城区中，绿地面积仅占城区面积的14.8%。

可以从城市生态足迹、城市生态系统承载力和城市生态系统压力来评价一个城市生态系统是否是一个可持续发展的生态城市，看其是否符合生态学原则，适合人类健康、安全、充满活力地生活，即呈现“前人种树，后人乘凉”，“种桑栽桐，子孙不穷”所描述的情景。

二、生态城市的概念

生态城市是健康的城市生态系统。健康的城市生态系统不仅意味着为人类提供服务的自然环境和人工环境所组成的生态系统的健康和完整，也包括城市人群的健康和社会健康。

生态城市（eco - city）概念是在 1971 年联合国教科文组织发起的“人与生物圈”（MAB）计划研究过程中首先提出来的。目前对生态城市概念有不同的诠释，但仍无明确的概念界定。

1984 年，前苏联生态学家亚尼科斯基（O. Yanitsky）认为：生态城市是一种理想城市模式，其中技术与自然充分融合，人的创造力和生产力得到最大限度的保护，物质、能量、信息高速利用，生态良性循环。美国生态学家雷基斯特（1987 年）认为：生态城市追求人类和自然的健康与活力，即生态健全的城市，是紧凑、充满活力、节能并与自然和谐共存的聚居地。澳大利亚的唐顿（1992 年）认为：生态城市就是人类内部、人类与自然之间实现生态上平衡的城市。它包括了道德伦理和人们对城市进行生态修复的一系列计划。

我国学者对生态城市的概念也有不同的定义。黄光宇（1989 年）认为：生态城市是根据生态学原理，综合研究城市生态系统中人与“住所”的关系，并应用社会工程、生态工程、环境工程、系统工程等现代科学和技术手段协调现代城市经济系统与生物的关系，保护与合理利用一切自然资源与能源的再生和综合利用水平，提高人类对城市生态系统的自我调节、修复、维护和发展能力，使人、自然、环境融为一体，互惠共生。沈清基（1998 年）认为：生态城市强调社会、经济、自然协调发展和整体生态化，即实现人和自然协调发展，生态良性循环的城市。任倩岚（2000 年）认为：生态城市是现代城市建设的高级阶段，是人类理想的生存环境，具备社会生态化、经济生态化、自然生态化的特点。彭晓春、李明光（2001 年）指出：生态城市是城市生态化发展的结果，是社会和谐、经济高效、生态良性循环的人类居住区形式。

上述观点不尽相同，但总的普遍认识是：生态城市是一个经济发达，社会安全、公平、繁荣、自然和谐，居民与自然达到充分融合，城乡环境清洁、优美、舒适，从而能最大限度地发挥人的创造力，并促使城市文明程度不断提高的，稳定、协调与实现资源利用代际公平的持续发展的复合生态系统。

三、生态城市建设

生态城市建设有广义和狭义之分。狭义的生态城市建设包括以下三方面的内容：

（1）实现生态系统的生物多样性和景观异质性，生态群落稳定，生态系统动态平衡；

（2）保证城市绿量充分，空间结构合理；

（3）城市污染得到控制，为城市居民提供健康的生活环境。

广义的生态城市建设是依据城市生态规划，采取经济技术手段，实现城市社会、经济、自然协调发展，物质、能量、信息高效利用，基础设施完善，结构合理，生态良性循环，提高城市社会文明和居民生态环境意识。向德平认为，生态城市建设包括三个层次的内容：第一层次为自然地理层次，内容是城市生态系统保持协调、平衡，实现地尽其能，物尽其用；第二层次为社会功能层次，内容是调整城市的结构与功能，改善城市子系统之间的关系，增强城市生态系统的功能；第三层次为文化意识层次，内容是培养人的生态意识，变外在控制为内在调节，变自发行为为自觉行为。最终实现技术与自然充分融合，人的创造力和生产力得到充分发挥，居民的身心健康和环境质量得到最大限度的保护。王祥荣也认为，生态城市建设的目标是高质量的环保系统、高效能的运转系统、高水平的管理系统、完善的绿地生态系统和高度的社会文明和生态环境意识。

对生态城市建设狭义和广义的理解可以看做是生态城市建设的两个阶段。前者是生态城市建设的初级阶段，实现生态城市建设的基本目标；后者是生态城市建设的高级阶段，实现生态城市建设的最终目标。这两个阶段并不是截然分开的。

四、国外生态城市建设实例

建设生态城市从本质上讲是一个庞大而又复杂的系统工程，它首先涉及经济学、技术水平、思维方式、人们的生活模式、消费方式等各个方面，只有当社会进步到一定程度，整个社会都贯彻了生态学思想，建立了一种渗透着生态学思想的生态文明，生态城市的实现才有可能。同时，生态城市的实现也有赖于各个国家的政府决策部门和执法部门，他们对于形成良好的生态城市具有重要影响。从生态城市的具体建设来看，就全球范围而言，发达国家的生态城市建设，主要侧重于强调发展公共交通系统和土地的综合利用。

在西方发达国家，大部分学者认为，为了建设生态城市就应该尽量鼓励人们使用公共交通运输。目前一些发达国家的城市，已开始把优先发展公共交通作为主要的交通政策。他们对公共交通提供一定的财政资助，例如纽约的公共交通系统补贴为55%，罗马为82.5%，阿姆斯特丹为77.5%，布鲁塞尔为65%，巴黎为53%，希望能以此促进生态城市的建设。而土地的综合利用，就是把人们的工作、居住与其他服务设施结合起来，综合地予以考虑，使人们能够就近入学、工作和享受各种服务设施，缩短每天人们的出行距离，减少能量消耗。这种土地综合利用的规划，也常与城市交通规划结合在一起，以形成以公共交通为主体的交通模式。

目前，全球许多城市正在按生态城市的目标进行规划和建设，例如巴西的库里蒂巴和桑托斯市、澳大利亚的怀阿拉市、新西兰的怀塔基市、丹麦的哥本哈根、美国的克利夫兰和亚特兰大都市区、德国的埃尔兰根。

库里蒂巴位于巴西南部，人口160万，城区面积450km^2，总面积约10000km^2，是巴西的生态之都，被认为是世界上最接近生态城市的城市。这主要得益于库里蒂巴连任三届的市长在过去的20年中把城市设计、规划和管理合为一体。库里蒂巴通过追求高度系统化的、渐进的和深思熟虑的城市规划设计，实现土地利用与公共交通一体化，取得了巨大成就。尽管城市有50万辆小汽车，但目前城市80%的出行依赖公共汽车，其使用的燃油耗量是同等规模城市的

25%。尽管库里蒂巴人均小汽车拥有量居巴西首位，污染却远低于同等规模的其他城市，交通也很少拥挤。此外，其垃圾回收项目和众多的以公共汽车文化为核心的各种项目也具有鲜明的特色。

库里蒂巴较为著名的环境项目是1988年实行的口号为“垃圾不是废物”的垃圾回收项目，垃圾的循环回收在城市中达到95%。每月有750t的回收材料售给当地工业部门，所获得的利润用于其他社会福利项目。

埃尔兰根城位于德国南部，是著名的大学城、“西门子城”和生态城市，总人口10万，面积77km^2，也是现代科学研究和工业的中心。在埃尔兰根城的总体规划中，其基础部分是景观规划。它显示了进一步发展的自然边界，保全了森林、河谷和其他重要的生态城区（占总面积的40%），并建议城市中拥有更多贯穿和环绕城市的绿色地带。现在埃尔兰根城市内和城市周边的绿地被绿色通道连接起来，不管是步行还是骑车，从城市中任何一个住处前往绿地只需5~7min。在分区规划中，这些生态方面的限制得到了充分考虑。在交通规划中，则改变多年来其他城市普遍实施的以车为主的方针，并减少和限制在居住区和市区的汽车使用，鼓励以环保方式为主的城市内活动，如步行、骑车和公共交通。在埃尔兰根城，因为市民的生活水平较高，10万人拥有5.4万辆小汽车，但是也拥有8万辆自行车，并经常使用，自行车的使用率达到30%。

五、我国生态城市建设模式

目前，我国各地生态城建设进入开发热潮，如与新加坡合作的“中新天津生态城”，与芬兰合作的北京门头沟“中芬生态谷”，与瑞典合作的江苏无锡“中瑞低碳生态城”。在国际生态城市论坛上，各方专家对于中国各类生态城市样本进行了剖析，认为我国生态城市建设形成了三种典型模式。

第一，走中外绿色技术合作之路的“中新天津生态城模式”。中新天津生态城环境局局长靳美珠说，中国与新加坡两国于2007年签署合作协议，借鉴新加坡城建先进经验，预计在规划的面积为30km^{2}土地上，用10年时间，在天津滨海新区基本建成一个国家级生态环保的宜居示范新城。“连续 $30km^2$ 范围内全都是绿色建筑，采用智能化技术对房屋进行整体设计，区域内90%以上出行都靠轨道交通、电动汽车等绿色出行方式，最大限度减少了碳排放。”另外，中新生态城在建设中还整理废弃盐田，净化海水，综合利用风能、太阳能、地热能、生物质能等绿色能源。

第二，依托绿色能源，发展低碳经济的“德州模式”。德州市市长吴翠云说，山东德州在产业发展上是一座特色鲜明的现代新城，有着“中国太阳城”的美誉。目前，德州已经形成了太阳能、风能、生物质能、新能源汽车和地缘热泵五大产业集群。光电相关企业已有120余家，年收入达到220亿元。全市每年向社会提供的太阳能热水器产品超过 $3\times10^6m^2$，相当于整个欧盟的总和，是北美的两倍多，国家“十一五”规划中的太阳能领域相关课题，德州占到了85%。现如今，德州中心城区新建住宅太阳能集热器推广应用率达到95%以上，中心城区的交通信号灯、部分住宅小区及景区使用太阳能灯累计超过1万盏，形成了独具特色的太阳城景观。德州平均每年可减少二氧化碳排放 1.71×10^6t。

第三，调整传统产业，进行旧城改造的“门头沟模式”。北京门头沟区区委书记刘云广介绍，位于北京西郊的门头沟区是我国五大无烟煤产区之一，区内煤矿储藏面积近 $700km^2$，占到全区总面积的一半。近年来，门头沟区逐步转向绿色低碳节能经济，乡镇煤矿在2010年5月底前全部关闭。在旧城改造基础上，门头沟区与芬兰合作共建“中芬生态谷”，利用采石场挖空的山体，打造一座面积达 $100km^2$ 的低碳生态城。依山而建的25座展览馆和会展中心，通过利用山地充足的光热条件，形成“四季常青”的低碳山体建筑。

六、我国生态城市建设可借鉴经验

中国城市科学研究会首席研究员于立说，从目前情况来看，具有中国特色的生态城建设模式，各自在生态探索道路上摸索出了一条可借鉴、可复制的道路，成功的经验主要有三点：

第一，绿色能源为城市提供清洁动力。生态城建设，绿色建筑是基础，绿色能源是保障。记者在采访中了解到，河北省唐山市曹妃甸依靠清洁能源，发展绿色经济非常具有代表性。曹妃甸国际生态城管委会规划局局长薛波说，风能、太阳能、潮汐能和地热能在生态城都有用武之地。特别是周边靠近工业区的地方，工业余热资源可一定程度满足生态城需要。生态城还利用垃圾收集处理产生沼气设施、热电联供设备，发展循环能源技术，绿色能源利用率达65%。

第二，绿色交通理念先行。发展绿色公共交通，是生态城市的必然选择，绿色便捷的交通不但有利于减少生态城市内碳的消耗，也是提高生活舒适度的一部分。

中新天津生态城管委会副主任崔广志说，中新生态城规划确定在2020年前90%的出行方式实现绿色节能的目标。生态城主要开发者——中新天津生态城投资开发有限公司，与11家国内外电动汽车行业的领军企业结盟，推动电动汽车在生态城内的应用。2010年9月28日，中新生态城与奇瑞等11家企业结盟，在汽车制造、充电基础设施、电池存储、车辆租赁等方面全面合作，将电动车推广为私人交通工具。另外，轨道交通也提上了日程，按照高铁、轻轨和地铁的建设计划，生态城到天津市区只需要半小时，到北京约1h。

第三，新兴产业助力城市可持续发展。城市要发展，需要有带动城市可持续性发展的产业。记者在中新天津生态城采访时注意到，国家动漫产业园紧挨生态城管委会，成为带动未来生态城经济发展的重要增长点。

北京门头沟区区委书记刘云广介绍，北京门头沟在关停大批煤窑后，亟待产业结构调整。门头沟积极转变经济增长方式，引入1500亿元社会资本，开发区内旅游文化休闲资源。同时还与娱乐集团合作，共同建设影视文化公园，公园内汇聚了动漫、影片拍摄、后期制作等文化创意产业，这一“无烟产业”今后将成为门头沟的经济支柱之一。

七、我国生态城市建设误区

当前，我国生态城市的建设正处在一个转型时期。一方面，上海、天津、唐山、无锡等一批生态城项目跃跃欲试；另一方面，生态城建设的国内成熟样本尚未完全形成。专家建议，在大规模生态项目开建前，需在以下三个方面做好准备：

第一，生态建设避免概念化。中国科学院院士何祚庥在接受记者采访时指出，生态城市的建设应当提高设计标准，具备长远眼光，要考虑到今后10年、20年的发展。同时，“生态”二字不能只停留在口号上。当前，一些生态城在建设中炒作“生态”、“数字”、“低碳”等字眼，其本质却不过是建一座新楼，修一条地铁，这与生态城市倡导的人与自然和谐相处理念大相径庭。真正意义上的生态城市要有可复制、可借鉴的经验，经得起时间的考验。

第二，生态城市避免“房地产化”。专家指出，生态城首先是一种可持续发展的生态理念，绿色建筑只是其中的载体而非生态城市全部。中新生态城投资开发有限公司总裁吴财文认为，生态城公司不是房地产开发商，而是生态建设者。公司不仅要建卖的房子，还要建生态的建筑，增强区域经济的活力。个别地方的生态城市建设只重招商，不重环保投入，只重前期建设，不重后期保障，生态城的概念成为“摇钱树”，让生态城市变了味道。

第三，中外合作生态项目注意学习对方先进经验。专家指出，合作双方是环保理念的共同践行者，而非简单的投资合作，中方需多学习外方的先进生态理念与清洁技术。因地制宜，不做简单的技术移植，要探索出一条适合中国生态城市建设的道路。

第三节 可持续发展理论

一、可持续发展的概念

可持续发展是人类在总结自身发展历程之后提出的新的发展模式。该理论产生的背景是全球人口激增、环境污染、粮食短缺、能源紧张、资源破坏。1980年3月，联合国大会首次使用了可持续发展概念，在会议上明确指出：“必须研究自然的、社会的、生态的、经济的，以及利用自然资源过程中的基本关系，确保全球的可持续发展。”20世纪80年代中期，一些发达国家的文章和文件中也先后使用过“可持续发展”一词。对于什么是可持续发展，可以说是众说纷纭。概括起来，大体是从三个方面来讨论：

一是从生态环境方面，认为可持续发展就是“保护和加强环境系统的生产和人类的更新能力”，是寻求一种最佳的生态系统，以支持生态完整性和人类愿望的实现，使人类的生存环境得以持续；

二是从经济学方面，认为可持续发展是“在保持自然资源的质量和其所提供服务的前提下，使经济发展的净利益增加到最大限度”，“今天的资源使用不应减少未来的实际收入”，可持续发展是“不降低环境质量和其他不破坏世界自然资源基础的经济发展”；

三是从社会方面，把可持续发展定义为“在生存于不超出维持生态系统涵养能力时情况下，提高人类的生活质量”，并将改善人类的生活质量、创造美好的生活环境作为可持续发展的最终目标。

1987 年 4 月，环境与发展委员会（WCED）的布伦特兰向联合国提交的《我们共同的未来》报告中，正式提出了“可持续发展”的概念，在 1992 年“联合国环境与发展大会”上取得了共识：“可持续发展是既满足当代人的需求，又不对后代人满足其需要的能力构成危害的发展”。5 年之后的“联合国环境与发展大会”（里约会议，又称地球首脑会议）上，它被广泛接受并成为总体战略。可持续发展作为一种战略思想，它对所有的资源、人力、财力和物力进行管理，以增加长期的财富和福利。

二、可持续发展的内涵

可持续发展是一个综合的概念，其丰富的内涵概括起来有三点：生态持续发展、经济持续发展和社会持续发展。生态、经济和社会的持续发展相互联系、相互制约，共同形成了一个复合系统。在可持续发展复合系统中，生态持续发展是基础，它强调发展要与资源和环境的承载能力相协调；经济持续发展是条件，它强调发展不仅要重视增长数量，更要追求改善质量、提高效益、节约能源、减少废物，改变传统的生产和消费模式，实施清洁生产和文明消费；社会持续发展是目的，它强调发展要以改善和提高生活质量为目的，与社会进步相适应。《中国 21 世纪议程》中对可持续发展理论的内容有详尽的描述：

（1）可持续发展的核心是发展。

（2）可持续发展的关键是处理好经济建设与人口、资源、环境的关系，即在经济增长的同时，有效控制人口增长，资源消耗，提高资源利用率，减轻环境污染。

（3）可持续发展的重要标志是资源的永续利用和生态环境的改善。

（4）可持续发展的主体是社会发展系统，其目标是实现社会发展系统的可持续性，实现当前发展、未来发展以及当代人利益、后代人利益的均衡协调发展。

（5）实施可持续发展战略必须转变思想观念和行动规范，正确认识和处理人与自然的关系。

（6）可持续发展必须重视能力建设，要从国家战略的层面上整体把握。

时至今日，实现可持续发展已经成为世界各国的理想，在为这个理想努力的过程中，可持续发展的内涵得以不断充实和完善。

三、可持续发展的基本原则

可持续发展的基本原则是：

（1）公平性原则。主要是指代内公平、代际公平和公平分配有限的资源。在“联合国环境与发展大会”上，《里约宣言》中已把这一原则上升为国家主权原则，即“各国拥有其按本国的环境与发展政策开发本国自然资源的主权，并负责确保在其管辖以外地区的环境责任”。

（2）可持续性原则。可持续性是指一种可以长久维持的过程和状态。这一原则体现了人与自然的今天与明天的和谐关系，也体现了发展与环境资源的关系，核心问题是人类经济和社会的发展不能超越资源与环境的承载能力。

（3）共同性原则。我们只有一个地球。可持续发展中涉及的生态问题，不管各国的国性如何不同，环境行为对人类的影响是共同的。各国、各地区只有同舟共济、密切合作，共同保护好地球，才能实现人类经济和社会的可持续发展。

四、资源型城市的可持续发展研究

可持续发展理论为人类处理好资源、环境与经济、社会的关系提出了全新的思想和理念。这一理论的提出，是人类在处理人与自然关系进一步理性化、进一步走向文明的重要标志。资源型城市因其主导产业的特殊性，与资源环境密切相关，占有资源、破坏环境的产业特征，使资源型城市严重背离可持续发展的要求。可持续发展的理念和原则对于资源型城市的转型发展具有极强的针对性和指导性。我国资源型城市在国民经济地域分工中占有十分重要的地位，能源工业又是我国国民经济和社会发展重要的组成部分。特殊的产业特征和重要的产业地位决定了资源型城市的未来发展必须以可持续发展理论为指导。

资源型城市的可持续发展有利于推动整个国民经济的可持续发展。资源型城市在全国地域分工中占有重要地位，但这些地区多为我国经济落后、生态脆弱和污染较严重的地区，人口、经济、生态、环境系统可持续发展问题表现突出。因此，这些地区的可持续发展是全国可持续发展战略的一个重要组成部分。同时，资源型城市的水土流失、环境污染等生态问题可能波及周边其他地区，研究这类地区可持续发展也是促进相关区域协调发展的重要手段。

资源型城市的可持续发展有利于促进区域经济发展。早期关于资源型城市的研究多从它们的生产性出发，强调它们在地域分工中承担的作用，忽视它们作为一个区域的平等发展权。因此，从可持续发展思想出发，重视地区经济整体利益，使它们公平地获得发展机会，培育起地区经济发展内在机制，将大大促进这类城市的经济发展。

资源型城市走向可持续发展的根本途径是转型。在《中国21世纪议程》中，工业的可持续发展是重要组成部分。资源型城市正是随着资源的开采、加工而发展起来的城市，随着对可持续发展理论认识的进一步深化，人们对资源型城市可持续发展问题的关注程度也越来越高。我国的资源型城市基本上是人口、经济、生态、环境各个系统的可持续发展问题十分突出的地区。这些城市的可持续发展比其他城市显得更加迫切。而进行转型则正是将可持续发展战略落到实处的具体体现，也是资源型城市走向可持续发展的根本途径。影响可持续发展的生态、环境及产业接续问题，正是在转型中需要解决的重要任务。

研究资源型城市的可持续发展，有利于正确认识其发展的特殊规律，促进资源型城市的可持续发展研究，为其他许多在建或者未建的资源型城市提供一些成熟的发展模式和经验。

五、资源型城市可持续发展的制约因素

我国资源型城市的建立发展大多根植于国家计划经济时期，由于实行了主要依靠本国资源的重工业优先发展战略，资源矿产基地的建设得到了国家极大的重视，在全国各地形成了数量众多的资源型城市。与非资源型城市相比，资源型城市作为原料基地的职能远远超过了其作为中心城市的职能，同时，资源型城市的自身特征也决定了其对制度需求弹性较小，经济发展存在强烈的路径依赖，由此形成了资源型城市可持续发展的一系列制约因素。

首先，产业结构单一。资源型城市是指随着森林、矿产等自然资源的开发而兴建或发展起来的城市，在城市产业结构中以资源初级开发为主的第二产业为主体，第一、第三产业发展滞后。在计划经济时期，资源型城市被作为单一的能源基地来建设，过分强调城市的专业化功能，导致其产业结构单一，层次低下；同时，我国资源型城市由于传统体制的原因造成行业分割，企业仅仅是一个生产车间，资源型企业只是开采资源，并不对资源进行利用加工、生产产品，导致主导产业与城市产业存在断层，在城市经济中的关联效应较弱，难以带动城市经济的发展。表 2－1 代表了山西煤炭资源型城市产业结构的特征。从表中可以很明显地看出，山西煤炭产值占国内生产总值的比重较大，城市主体经济活动集中在煤炭及相关产业，这必然会制约山西经济的可持续发展。

表 2-1 2000 年山西省部分煤炭资源型城市煤炭产值及国内生产总值

（万元）

城 市	大 同	阳 泉	晋 城	朔 州
煤炭产值	854070	341694	533585	193112
国内生产总值	1701829	947094	1449381	853910

其次，后续发展能力不强。资源型城市中城市功能与企业功能倒错，企业的封闭运行系统排挤城市功能发展。我国资源型城市的形成一般是先有资源后建厂，先有企业后有城市。这些资源型企业通常是国家巨资投入形成的大型和特大型国有企业，并且完全是按照计划经济体制来构建和运作的“大而全”企业。在相当长的时间里，国有企业自身形成了庞大的自我服务体系。由于城市发展高度依赖国有企业，使得城市提供的公共产品很难替代企业的社会功能。国有企业的自身福利封闭运行体系排挤了城市功能的发育，使得城市中非国有经济难以进入第二、第三产业，城市发展受阻。

再次，经济效益低下。资源产权国有，价格体系扭曲，资源型城市价值转移缺乏补偿机制。我国资源配置长期推行的自然资源国有产权地位决定了资源不能交易与流通，完全由政府供给、分配、经营和管理，以减少运行上的“初始成本”，这种制度安排在建国初期起到了节约配置资源成本的作用，但也由此埋下了资源无价、资源产品低价的制度根源。进入市场经济时期后，价格应由市场决定，但单一的产权和计划协调替代市场交易，对抗自然不可避免，由此付出的对抗成本也必然会随资源不断开发而增加，资源价格体系日趋扭曲，从而出现当前我国资源型城市面临“资源丰富、经济贫困”等与市场经济相悖的状况。资源型地区积累能力弱，难以发展新兴产业，更难以培育新兴产业投资环境，而从国家宏观管理层面还尚未形成有效的补偿机制。另一方面，由于资源型企业管理体制上执行“条条”管理，城市地方政府没有能力统率各方力量、统筹使用资金和各种资源，实现产业结构转型。这一切都成为资源型城市转型发展的制约因素，大大降低了资源型城市的竞争能力和可持续发展能力。

最后，环境污染和生态破坏严重。目前，资源型城市发展还面临严重的环境污染和生态破坏问题。其中，大气、水体污染是资源型城市的普遍环境问题。同时，由于矿产资源开发出现的地表坍塌、尾矿堆积等，使得生态环境日趋恶化。资源利用效率低、资源低效开采和浪费现象普遍、急功近利的掠夺式开采导致的资源浪费加剧了我国后备资源供给不足的危机。例如：据不完全统计，山西省因资源开采已造成1300km^2 的采空区，地表塌陷面积达712km^2。造成5693间房屋、435700m水渠、793900m管道、433处水利工程遭到不同程度的毁坏。

第四节 循环经济理论

一、循环经济的定义

“循环经济”（circular economy）一词，是由美国经济学家波尔丁（Boulding K E）在20世纪60年代提出的，是物质闭环流定型经济（closing materials cycle）、资源循环经济（resources circulation）的简称，是指在资源投入、企业生产、产品消费及废弃的全过程中，把传统的依赖资源消耗的线形增长的经济，转变为依靠生态型资源循环来发展的经济。

循环经济本质上是一种生态经济，它要求运用生态学规律而不是机械论规律来指导人类社会的经济活动。与传统经济相比，循环经济的不同之处在于：传统经济是一种由“资源—产品—污染排放”单向流动的线性经济，其特征是高开采、低利用、高排放。在这种经济中，人们高强度地把地球上的物质和能源提取出来，然后又把污染和废物大量地排放到水系、空气和土壤中，对资源的利用是粗放的和一次性的，通过把资源持续不断地变成废物来实现经济的数量型增长。与此不同，循环经济倡导的是一种与环境和谐的经济发展模式。它要求把经济活动组织成一个“资源—产品—再生资源”的反馈式流程，其特征是低开采、高利用、低排放。所有的物质和能源要能在这个不断进行的经济循环中得到合理和持久的利用，以把经济活动对自然环境的影响降低到尽可能小的程度。循环经济为工业化以来的传统经济转向可持续发展的经济提供了战略性的理论范式，从而从根本上消除长期以来环境与发展之间的尖锐冲突。“减量化、再利用、再循环”是循环经济最重要的实际操作原则。

二、循环经济的特征

自从20世纪90年代实施可持续发展战略以来，发达国家正在把发展循环经济、建立循环型社会看做是实施可持续发展战略的重要途径和实现方式。循环经济作为一种科学的发展观，一种全新的经济发展模式，具有自身的独立特征，主要体现在以下几个方面：

一是新的系统观。循环是指在一定系统内的运动过程，循环经济的系统是由人、自然资源和科学技术等要素构成的大系统。循环经济观要求人在考虑生产和消费时不再置身于这一大系统之外，而是将自己作为这个大系统的一部分来研究符合客观规律的经济原则，将“退田还湖”、“退耕还林”、“退牧还草”等生态系统建设作为维持大系统可持续发展的基础性工作来抓。

二是新的经济观。在传统工业经济的各要素中，资本在循环，劳动力在循环，而唯独自然资源没有形成循环。循环经济观要求运用生态学规律，而不是仅仅沿用19世纪以来机械工程学的规律来指导经济活动。不仅要考虑工程承载能力，还要考虑生态承载能力。在生态系统中，经济活动超过资源承载能力的循环是恶性循环，会造成生态系统退化；只有在资源承载能力之内的良性循环，才能使生态系统平衡地发展。

三是新的价值观。循环经济观在考虑自然时，不再像传统工业经济那样将其作为“取料场”和“垃圾场”，也不仅仅视其为可利用的资源，而是将其作为人类赖以生存的基础，是需要维持良性循环的生态系统；在考虑科学技术时，不仅考虑其对自然的开发能力，而且要充分考虑到它对生态系统的修复能力，使之成为有益于环境的技术；在考虑人自身的发展时，不仅考虑人对自然的征服能力，而且更重视人与自然和谐相处的能力，促进人的全面发展。

四是新的生产观。传统工业经济的生产观念是最大限度地开发利用自然资源，最大限度地创造社会财富，最大限度地获取利润。而循环经济的生产观念是要充分考虑自然生态系统的承载能力，尽可能地节约自然资源，不断提高自然资源的利用效率，循环使用资源，创造良性的社会财富。在生产过程中，循环经济观要求遵循“3R”原则：资源利用的减量化（Reduce）原则，即在生产的投入端尽可能少地输入自然资源；产品的再使用（Reuse）原则，即尽可能延长产品的使用周期，并在多种场合使用；废弃物的再循环（Recycle）原则，即最大限度地减少废弃物排放，力争做到排放的无害化，实现资源再循环。同时，在生产中还要求尽可能地利用可循环再生的资源替代不可再生资源，如利用太阳能、风能和农家肥等，使生产合理地依托在自然生态循环之上；尽可能地利用高科技，尽可能地以知识投入来替代物质投入，以达到经济、社会与生态的和谐统一，使人类在良好的环境中生产生活，真正全面提高人民生活质量。

五是新的消费观。循环经济观要求走出传统工业经济“拼命生产、拼命消费”的误区，提倡物质的适度消费、层次消费，在消费的同时就考虑到废弃物的资源化，建立循环生产和消费的观念。同时，循环经济观要求通过税收和行政等手段，限制以不可再生资源为原料的一次性产品的生产与消费，如宾馆的一次性用品、餐馆的一次性餐具和豪华包装等。我国1998年引入德国循环经济概念，确立“3R”原则的中心地位；1999年从可持续生产的角度对循环经济发展模式进行整合；2002年从新兴工业化的角度认识循环经济的发展意义；2003年将循环经济纳入科学发展观，确立物质减量化的发展战略；2004年提出从不同的空间规模（城市、区域、国家层面）大力发展循环经济。

三、循环经济模式下资源型城市发展方向及途径

由于矿产资源具有不可再生的属性，其枯竭具有必然性。资源型城市的支柱产业也将随之由兴到衰，资源型城市最终发展的方向是衰亡或持续发展。发展循环经济可通过构建企业、产业和区域经济循环，调整产业结构，发展非煤产业，使资源型城市演变为综合

性城市；也可通过提高资源利用效率，延长产业链；或者通过寻找发现新的矿藏并开发利用，延长资源型城市的生命周期，并在此过程中发展循环经济，实现城市成功发展。资源型城市发展方向及途径如图 2－1 所示。

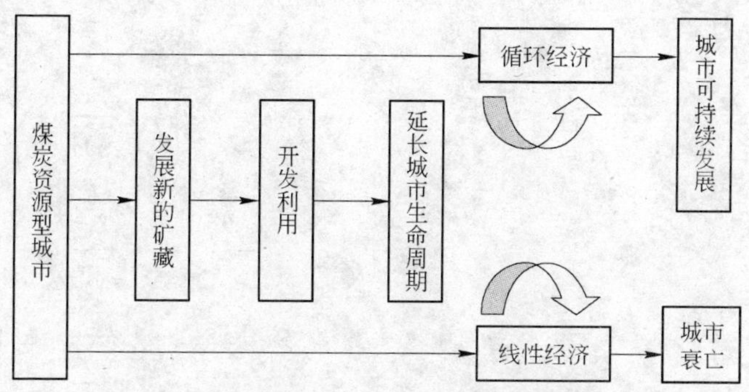

图 2－1　资源型城市发展方向及途径

第二篇

国内外资源型城市转型与城市生态环境建设的借鉴

第三章　国外资源型城市转型与城市生态环境建设的成功案例

第一节　国外资源型城市转型比较

一、国外资源型城市转型的主要路径

（一）资源认识从简单向立体转变

资源枯竭型城市转型，首先要从转变“资源观”开始。一般而言，资源型城市主要依靠不可再生资源，以较为单一的产业为依托完成初步的城市化和城市的进一步发展。与其相配套的“资源观”，是相对较为传统的“以不可再生的资源为根本性资源”的观念。国外的主要资源型城市，例如，德国的鲁尔地区的城市（煤、钢铁等）、法国的洛林地区（煤炭、钢铁）、美国的休斯敦（石油）、日本的筑丰（煤炭），长期以来都主要依靠其优势资源发展，在其兴旺时期，一般较少利用和引入矿产资源以外的资源，甚至不能意识到自身所握有和积累的其他社会资源。这样的“资源观”，能够使一些具有深厚矿产资源的城市获得城市化初级的高速积累，却很难将更为深广的社会资源嵌入到其产业结构中去，引导产业结构的纵深发展。一旦自身矿产资源耗尽，或者国际产业形势等产生波动，就会对这些单纯产业的城市造成毁灭性的影响。

因此，资源型城市的传统危机是扎根于“资源观”之中的，打破资源“诅咒”，要从转变观念入手。从国外城市的转型经验来看，转型的过程同时也是逐步将支撑性资源由不可再生的资源转向可再生的人力、技术资源，逐步由对资源的开采加工转向资源的营造，逐步由“资源观”向“资产观”转变的过程。

（二）产业结构由单一向复合转变

资源型城市转型，面临着长期单极产业结构发展造成的专业化锁定的问题。由于资源型产业往往成为区域经济的增长高地，成为经济要素的聚集之所，在巨大的吸纳力作用下，各种经济要素被固化在资源型产业领域，非资源型产业处于弱势和从属地位，难以形成产业吸引力，发展机会明显减少。当资源枯竭时，由于锁定效应，此类地区的产业应变性、适应性较差，存在功能性、认知性和政治性的多方锁定，需要以外力强制性地打破。各国的转型经历大致上就是打破多方锁定，产业结构逐步由单一向复合转变的过程，在这其中，选择最易于打破锁定的产业进行培育，是转型的关键。

（三）空间布局由单极向多元转变

从各国的发展经验来看，转型的过程同时也是空间结构重新调整的过程。这个过程伴随着城市中心的转换、产业重心的外推、总体布局的重置，以及城市边界的扩张等。在转型完成后，城市或区域格局一般由资源型城市的单极布局向多极布局转变，城市往往形成新的发展轴线，以前在经济地理上处于相对弱势边缘的地带，相对而言获得了更好的发展机会。因此，在转型之初，对于这些地块来说应提前做好准备。

（四）城市消费功能逐步凸显

资源型城市的转型，意味着产业的复合化和城市功能的复合化。通过转型，城市产业结构往往由以第二产业为主发展为第二、第三产业兼顾。因缘于第三产业的发展，城市功能也往往从单一的生产功能中生发出更丰富的消费功能。因此，城市往往需要新的商业地带、需要新的生活娱乐设施等。这对于外来的投资商、对城市中心沿线区块，都是新的机会。

（五）政策导向由补贴向培育转变

从历史上来看，政府对资源型城市的支持政策，都经历了由补贴向培育的转变。最初，政府往往对资源将枯竭的产业给予大量的补贴，但最终结果往往并不成功。例如日本，给予了产煤地带的重点产业进行了连续八次的补贴性政策，都没有起到效果，最终不得不由援助规划转变为转型规划，着力于通过政策吸引投资、改变产业结构、培育新兴产业等。由补贴向培育的转变，是正视资源枯竭的事实，着眼于未来发展的战略方式。

二、国外资源型城市转型政策的主要启示

（一）必须选择适宜的转型模式

从国际几大重点转型区域的转型经历来看，不同的政治经济体制下的资源型城市转型方式是不同的，转型方式的选择往往扎根于更深层次的社会图景之下。从全世界资源型城市转型经验来看，其政策取向主要可以分为四类：

第一类是美国式的。美国是市场式，政府很少做具体的转型控制，主要做好规划和服务工作，城市是兴盛还是衰败，更多通过市场力量和企业自身发展目标决定。

第二类是欧盟式的，以法、德为代表。主要是政府领导式，政府成立专门委员会和其他组织，制定详细的目标、计划和政策，通过政府各部门、社会各界的通力合作，调整产业结构，促进地区产业进步和经济发展，最终实现区域经济的腾飞。转型模式的选择，既和经济体制有关，也和社会背景有关，和产业发展经历、地理区位、市场结构、城市规模、文化背景等也有密切联系。

第三类是日本式的。日本是产业政策指导下的产业援助，政府根据国内外市场的变化情况和煤炭产区的具体实际，制定和修改产业政策，设定目标和措施。

第四类是以前苏联和委内瑞拉的资源型城市产业转型为代表的自由放任型模式，政府几乎没有采取转型的措施。特别是前苏联，国家的体制是计划经济，政府不参与转型，资源型城市只能停止发展。

（二）规划先行，落实转型战略

纵观不同模式的成功转型经验，无论是美国式的、欧盟式的还是日本式的，转型伊始都是规划先行。首先通过规划，确定转型模式、转型方向、转型战略等，将转型的模式、方针、方法通过文件的形式落实下来，从而使未来的转型工作有方向可循，有文件可依，通过公布规划，还可以达成全民的共识，减少投资商的顾虑等，使转型工作从一开始就纳入到正常轨道中来。

（三）选择切实的产业调整措施

为了保障城市衰退产业转型的顺利进行，各城市都不同程度采取了区域振兴政策和产业援助政策，并针对转型过程中出现的人员安置问题制定就业政策。

（四）明确转型的几个关键要素

从国际经验来看，有五大关键性要素在各区域的成功转型过程中发挥了不可忽视的作用：

（1）政策要素。应选择适宜的政策工具作为地区转型的主导，无论是美国式的、日本式的还是欧盟式的转型方式，都需要政府按照实际情况和所需要达到的目标，设定转型的基本政策取向，进一步选择适宜的政策工具。

（2）环境要素。应重视投资环境的营造，加大对生态环境、基础设施的投入。对于在资源型产业兴旺时期积累不够，城市配套水平不高，城市环境较为恶劣的地区来说，这一点是调动市场因素的关键。因此，成功转型的区域大多选择环境友好型的接续产业，大多重视重型产业的空间集约化发展。

(3) 市场要素。应视市场环境的营造，激励不同组织结构、不同规模、不同门类的企业进入，特别应注重中小企业的进入，重视第三产业的发展，塑造积极开放的竞争环境，扩充或者改变产业生态链，完成产业链的转型。

(4) 产业及空间要素。健康的产业结构应和空间结构配套。在规划之初，做好产业布局和空间布局，一方面完成产业结构的调整，另一方面做好空间结构的重构。

(5) 人力要素。人力要素在地区转型中发挥着重要的作用，应处理好这个问题：一是如何低成本地培育人力资源，使之能和新的产业接续；二是如何发挥大量的高级技术人员的作用；三是如何解决大量下岗失业技工的工作问题，实现劳动力的平稳转移。

三、国外资源型城市发展模式经验

虽然资源型城市各自发展的思路不同，采取的措施不同，最终的结果也有差别，但国外资源型城市的做法是非常值得借鉴的。

总体看来，美、加、澳三国可以概括为市场主导型的转型模式，这与其资源丰富、地广人稀的自然环境有关。三国的资源型企业完全依赖于市场经济，政府适当的辅助干预使得转型顺利进行，转型难度较小。欧盟和日本的转型是政府主导型的转型模式。主要是两者地域狭小，没有足够的国土及矿产接续资源消化转型的产业和人员，加上其转型都是在资源接近枯竭或者为其他能源所替代的情况下进行的，一方面资源型城市不能放弃，另一方面，资源型城市靠自身、靠市场来调节只会枯萎，很难实现转型。当然，这种转型模式所要付出的成本是相当巨大的。

这些国家资源型城市转型的共同经验主要有以下几点：

(1) 注重发展新兴产业和替代产业。发展新兴产业和替代产业是资源型城市转型和实现其可持续发展的关键，使产业链向后侧和旁侧延伸，以增加产品的科技含量，提高产品的附加值，带来更高的效益。

（2）注重资金和技术的投入。德国政府设立专项基金供鲁尔区经济转型使用，日本政府规定中央和地方各出资1/3，补助正在开发高科技产品的企业。强大的经济基础和较高的投入有力地促进了这些地区多元经济的形成，从而实现了高起点转型。而对于我国众多的资源型城市，企业并没有形成一定规模的资金积累，一旦这些资源性产业出现衰退，整个区域经济就会受到冲击。面临转型时，就会遇到资金短缺的严重问题。所以不能盲目借鉴，应该根据自己的情况探索出一条低成本的转型路子，但资金和技术的适当投入也是必不可少的。

（3）注重体制机制创新。在产业结构调整的同时，企业的组织结构、产权制度和管理体制需要不断进行适应性调整。企业体制只有根据结构调整的需要不断进行创新，才能保证转型的成功。我国资源型城市绝大多数都是在长期计划经济体制下发展起来的，资源型企业主要以国有为主。在这些企业转型过程中，企业的所有制形式不应再是一成不变的，国家对企业的扶持也不应再分国有和私有，而应一视同仁，这样才能保证结构调整的成功。

（4）注重发挥规划政策的指导作用。建立专门的组织机构，制订总体的发展规划和具体的政策措施，这对资源型城市的转型是很关键的。我国应该先成立一个中央资源型城市转型监督部门，然后在不同地区的资源型城市设立专门的职能机构，负责制订相应的具体规划，并直接对中央部门负责，以提高办事效率。

（5）注重环境保护和城市形象。在经济转型的过程中，各国都不约而同地采取了环境保护的措施，都努力地建立新的城市形象。因为只有这样，才能使城市可持续发展。日本九州地区经过产业转型和环境整治，不仅把昔日的煤都变为新型的旅游景点，而且在治理环境的过程中积累了大量的经验，促进了环保产业的快速发展。我国资源型城市在转型的过程中也一定要注意环境的保护和治理，努力建立良好的城市形象。

以下将着重研究几个富有代表性的资源型城市转型案例，如德国鲁尔区、美国匹兹堡、法国洛林地区等。

第二节 德国鲁尔区“转型型”范例

一、简介

鲁尔区位于德国西部、莱茵河下游支流鲁尔河与利珀河之间的地区，是欧洲最大的经济区域，也是世界上最大的工业区。面积4593km²，占全国面积的1.3%。鲁尔工业区内人口和城市密集，人口达570万人，占全国人口的9%，核心地区人口密度超过每平方千米2700人；区内10万~50万人口的城市有24个，50万~100万人口的城市有5个。鲁尔区南部的鲁尔河与埃姆舍河之间的地区，工厂、住宅和稠密的交通网交织在一起，形成连片的城市带。

鲁尔区不是一个行政实体，而是一个经济和地理概念。鲁尔区现有54个独立的地方政府，其中包括：多特蒙德、杜伊斯堡、埃森、哈姆等十三个县市，以及瑞克林赫森、乌纳、威塞尔等城镇。“鲁尔区联合会”成立于1920年。它以“鲁尔区地方政府联合会”的名义，行使处理本地区共同关心的事务的职责。它是由选举产生的公共管理团体。该会由11个市县和4个区镇组成。每个成员都向该会提供一定的资金支持，以保证其正常运作。同时，该会也接受欧盟、德国政府及北威州政府的项目支持。

二、优越条件

鲁尔区有着发展工业的优越条件：

（1）鲁尔区的地理位置十分优越。鲁尔区自古就为东西欧往来的“圣路”地带，也是北欧通向中欧、南欧的捷径，地处欧洲的交通路口。在近代资本主义发展中，鲁尔区又位于欧洲经济最发达的“金三角”内，西距共同体成员国法国、荷兰、比利时、卢森堡的工业区很近，北距共同体成员国丹麦以及瑞典南部工业区不远，东北、南面又邻近本国下萨克森的经济重心区汉诺威—沃尔夫斯堡—扎耳茨吉特三角工业区和北莱茵-威斯特法伦州（简称“北威州”）的莱茵河下游以科隆—杜塞尔多夫为中心的工业区，它便于工业区间以及与欧洲共同体成员国间的贸易往来。

（2）鲁尔区有着丰富的煤炭资源。煤炭地质储量为2.19×10^{11}t，占全国总储量的3/4，其中经济可采储量约2.2×10^{10}t，占全国的90%。鲁尔区的煤炭煤质好，煤种全，为优质硬煤田，可炼优质焦炭的肥煤占储量的3/5，煤炭所含的灰分（为3%~18%）和硫分（为0.5%~1.5%）都低，发热量高，其中肥煤的发热量高达35948kJ/kg（8600kcal/kg）。

（3）水陆交通便利。莱茵河纵贯全区南北，从莱茵河口上溯的7000t级海轮和8000t的顶推船队，可直抵杜伊斯堡港。从杜伊斯堡到荷兰边界的莱茵河段，年均运输量达1×10^{8}t，并可通过河口的鹿特丹港与世界各地进行贸易往来。区内还有沟通莱茵河、鲁尔河、利珀河和埃姆斯河的4条运河网，总长达425km（包括通往埃姆斯河下游段），有大小河港74个，河道与港口均已标准化，可通行1350t的欧洲标准货轮。同时，鲁尔区东部可利用多特蒙德—埃姆斯运河，经埃姆登港与海外联系。所以，虽然鲁尔区地处内陆，但由于它有着方便的水运条件，特别是莱茵河通海航运，使得它与沿海地区同样具有廉价运费条件。铁路运输与河运同样发达。区内铁路密度非常大，营运里程达9850km，占全国的近1/5，多东西走向，从巴黎通往北欧和东欧的铁路由本区穿过，哈根是德国最大的货运编组站。公路和高速公路四通八达，是区内及其他工业区联系的纽带，从德国西部通往柏林和荷兰的高速公路均从区内通过。鲁尔区公路汽车行驶的密度为全国平均密度的1倍，达每千米55辆。

（4）区域中心。鲁尔区既是生产中心，又是消费中心。以鲁尔区为核心，方圆100km内，是德国最大的消费核心，这里集中了5个50万~100万人口的城市和24个10万~50万人口的城市。鲁尔区生产的70%以上的煤炭和钢铁在此范围内加工、消费。

三、发展背景

鲁尔区因莱茵河的支流鲁尔河蜿蜒穿过而得名。德语中对“鲁尔区”一词有许多用法，最简单的一个用法就是“饭锅”。从这里不难看出，这个地区经济发展对德国的重要性。鲁尔区历史悠久，随着煤炭产业的兴起和发展，鲁尔区逐步成为欧洲主要的工业基地。有关最早的采煤记载是在 14 世纪。到 1790 年，在鲁尔区西岸大约有 900 家小型煤矿在运营。从 1799 年开始，蒸汽机开始在该地区大量使用。1826 年，鲁尔区的第一个铁厂投入运营。随着钢铁产业的兴起，对煤炭的需求量日渐增加。1847 年科隆到米登铁路的修建，为直达鲁尔区的运输提供了便利。由铁路、公路、运河组成的交通网的形成，更促进了当地工业的蓬勃发展，井架树立，高炉耸天，钢厂、炼焦厂随处可见。从 1850 年到 1925 年间，当地的人口从 40 万人猛增到 380 万人。

与此同时，道路、工厂区和住宅等基础设施增长迅速，短时间内就形成了一个新的城镇聚集区。第二次世界大战期间，鲁尔区的重工业和资源对德国发动战争起了重要的作用。克虏伯公司在“二战”中积极从事军火生产，为纳粹制造武器。蒂森公司在“二战”中成为希特勒政府的财政支柱。从 1943 年至 1945 年，这一地区成为盟军主要轰炸目标，75% 的地区被炸，1/3 以上的煤矿被炸毁。

战后这一地区进行了重建，目前仍是德国西部最重要的工业基地。鲁尔区和北威州其他地区（主要是科隆西部地区）年产煤炭约占德国西部总产煤量的 90%。鲁尔区的钢产量占德国西部总量的 70%。鲁尔区聚集着钢铁、炼油、汽车、造船、机器和电气设备制造等工厂。其中，克虏伯公司 1996 年注册资本达 1005 亿马克。蒂森公司在战后被清理解散，1953 年重建，并成为欧洲最大的钢铁公司，1996 年注册资本达 1565 亿马克。1995 年鲁尔区的行业实力排位如下：化学工业、钢铁和轧钢业、机械制造业、电子业、食品制造业、汽车制造业、造船业、五金业、采矿业、石油加工业和塑料制造业等。可见，到 20 世纪末，化学工业上升到第一大产业，钢铁工业仍保持着重要的地位，但煤矿采掘业则位次后移、重要地位下降。

1958 年，煤炭危机开始显现，极大地影响到鲁尔区的就业状态。由于石油和核能运用所带来的能源消费结构的变化，使得煤炭的需求量下降。来自石油、天然气以及低价进口煤的竞争使得煤矿开始关闭，工人大量失业。到 1976 年，运营的煤矿由原来的 148 家减至 35 家，该行业的就业人数也从 40 万人减至 15 万人，煤矿产量也只有原来的一半。到 1996 年已减至 7 万人。为了应对这种危机，1968 年几乎所有剩下来的煤矿都被并入鲁尔煤炭集团公司。此时，所有应对危机、维持生产的工作都由设在埃森的公司总部来完成。

1974 年和 1975 年世界范围的经济危机给钢铁工业以沉重的打击，马克升值、欧共体内钢铁生产的配额限制等原因使德国钢铁生产不得不向欧洲以外的子公司转移，钢铁业开始走向衰落。成千上万的钢铁工人失去了工作。原来的重工业架构无论是从技术上还是经济上都产生了根本性的改变，整个鲁尔区的煤炭和钢铁工业陷入了结构性危机。炼钢业减少 4 万个工作岗位，造船业的就业人数减少 2/3。20 世纪 70 年代后，大工业衰落的趋势已十分明显。20 世纪 80 年代，问题越来越大，到 80 年代末期，鲁尔区面临着严重的失业问题，许多人因为失去了工作而离开了鲁尔区。

四、鲁尔区转型的成功实践

针对鲁尔区的实际情况，德国联邦政府、州政府、区政府采取了相应的措施。

（一）拯救老企业收效欠佳的过渡性措施

1968 年，北威州政府出台了第一个产业结构调整方案——《鲁尔发展纲要》。该计划重点采取了对矿区进行清理整顿、将采煤业集中到赢利多和机械化水平高的大矿井、调整企业的产品结构、提高产品技术含量等措施来拯救老企业。类似于我国的“关、停、并、转”措施。尽管由于成本过高，德国煤炭、钢铁业日渐缺乏竞争力和生存能力，但德国政府并没有因此而将它们放弃，而是采取了一系列的优惠政策。这一方面是出于自身能源安全等方面的战略考虑，另一方面是为了维护社会稳定，减少失业压力。

以煤炭行业为例，德国政府制定的优惠政策主要有：

（1）价格补贴。这是煤炭政策的核心部分。1996 年至 1998 年，联邦政府给予主营煤炭业的鲁尔集团的补贴分别为 104 亿、97 亿和 85 亿马克。

（2）税收优惠。对煤炭公司所得税予以退还、豁免或扣除，还允许煤炭企业加速折旧，促进生产合理化。

（3）投资补贴。对煤矿生产合理化、提高劳动生产率和安排转岗人员等提供多种补助。

（4）政府收购。为保障煤炭供应，政府收购一定数量的煤炭作为储备。此外，政府还提供贷款，建立"国家煤炭储备"，支持煤炭工业的生产和销售。

（5）矿工补贴。主要是退休金补贴。

（6）限制进口。

（7）环保资助。为治理矿区环境提供资助，一般由州政府负担1/3，联邦政府负担2/3。

（8）研究与发展补助。

在政府的大力扶持下，煤炭行业一方面千方百计地进行生产，并通过国内生产，研发居于世界领先水平的煤炭生产技术和设备，保持技术和设备输出的优势，另一方面积极开拓国际市场。

（二）制订总体规划和加强基础设施建设

鲁尔区发展初期，缺乏对土地利用、城镇布局、环境保护等方面的整体规划，造成地区环境质量不断恶化，区域形象受到严重损害。为了促进区域的协调发展，德国政府颁布法律，成立了鲁尔煤管区开发协会，作为鲁尔区最高规划机构。之后，又分别通过法律一再扩大其权力，现已成为区域规划的联合机构，对矿区的发展做出全面规划和统筹安排。

鲁尔区总体发展规划对于调整鲁尔区的经济及社会结构起了重要作用。鲁尔区投巨资加强基础设施建设，建成了由公路、铁路和水运构成的交通网，是欧洲最稠密的交通网络。区内600km高速公路、730km联邦公路、1190km乡村公路组成了鲁尔区内纵横交错的公路网，任何一个地方距离高速公路都不超过6km。公路网的建设使这个百年老工业区再次充满了活力。

（三）吸引资金和技术，大力扶持新兴产业

1979年，联邦政府与各级地方政府及工业协会、工会等有关方

面联合制订的“鲁尔行动计划”在继续加大前一阶段改善基础设施和矿冶工业现代化努力的同时，有意识地通过提供经济和技术方面的资助，逐步在当地发展新兴产业，以掌握结构调整的主导权。鲁尔区将极具发展潜力的高新技术产业和文化产业作为发展的重点，以此来提高区域产业的竞争力。新兴企业主要有：

（1）信息产业、健康工程和生物制药产业。联邦政府特别重视创新企业的发展，尤其是对于生物技术、信息和环保技术以及科技型企业予以政策上的支持。1972 年至 1980 年先后为 3.5 万个新投资项目提供了 890 亿马克的经济补贴，创造了 66 万个工作岗位。优惠的政策，加上强有力的扶持措施，使得信息、电信生物技术等“新经济”工业在鲁尔区的发展速度远远领先于德国其他地区。统计数据显示，截至 2005 年底，北威州从事数据处理、软件及信息服务的企业就超过 11 万家，电信公司 380 多家，其中的绝大多数位于鲁尔区内。鲁尔区是世界上医院最集中的地区之一，从世界顶尖的医疗技术到传统的治疗手段，几乎覆盖了全部的医疗领域。区内的研究机构、医疗教育机构，为制药及生物工程的发展提供技术支持，同时吸引生物制药等领域的创新企业进入。现在，医药产业共吸收就业人员 28 万，是鲁尔区就业人数最多的产业。北威州规定，凡是生物技术等新兴产业的企业在当地落户，将给予大型企业投资者 28%、小型企业投资者 18% 的经济补贴。因此，虽然与欧洲其他国家相比，德国在这方面起步较晚，但 2000 年，德国已拥有 330 家左右的生物技术企业，其中 1/3 落户在北威州。

（2）物流产业。鲁尔区以区位条件、交通设施以及工业底蕴为基础，通过市政当局推动、国际物流企业参与以及科研成果转化大力发展物流产业，到 2005 年，约有 3000 个物流企业，覆盖鲁尔区产业价值链的各个环节，就业人数达 18 万人。

（3）化学工业。鲁尔区曾是德国化学工业的先驱，焦油化工产业衰落后，鲁尔区积极开发煤炭化工和天然气化工产品。化工产品的深加工具有明显的后向关联度，拉动了鲁尔区的经济复兴。新型化工产品安全、高效，具有清洁及可循环利用性，提高了可持续发展能力。

（4）文化产业。旅游与文化产业是鲁尔区实现经济转型的主要特色之一。1998 年，鲁尔区制订了一条区域性旅游规划，被称为“工业文化之路”的旅游线路连接了 19 个工业旅游景点、6 个国家级博物馆和 12 个工业城镇。“工业文化之路”如同一部反映煤矿、炼焦工业发展的“教科书”，带领人们游览 150 年的工业发展历史。开发工业旅游在改善区域功能和形象上发挥了独特的效应，成为鲁尔区经济转型的标志。

（四）科研机构和高等教育为产业转型提供支持

鲁尔区已发展成为欧洲大学密度最大的工业区。除了专门的科学研究机构外，每个大学都设有“技术转化中心”，从而形成了一个从技术到市场应用的体系。同时，政府鼓励企业之间以及企业与研究机构之间进行合作，以发挥“群体效应”，并对这种合作下进行开发的项目予以资金补助。2005 年，全区有 30 个技术中心和 600 个致力于发展新技术的公司。

（五）因地制宜实现产业结构的多样化

为充分调动有关各方的积极性和创造性，德国政府 1989 年制订了“矿冶地区未来动议”。近年来又着手实施“欧盟与北威州联合计划”，其特点是充分发挥鲁尔区内不同地区的区域优势，在不同地区形成各具特色的优势行业，实现产业结构的多样化。例如：多特蒙德依托众多的高校和科研机构，大力发展软件业；杜伊斯堡发挥其港口优势，成为贸易中心，并建立了“内出船运博物馆”；埃森市则凭借其广阔的森林和湖泊，成为当地的休闲和服务中心。埃森市的“鲁尔文化基金会”收藏了鲁尔区工业发展史图片资料 48 万张，每年可吸引近 500 万的游客前来参观。此外，当地民众还充分发挥想象力和创造性，将废弃的矿井和炼钢厂改造成博物馆，将废弃的煤渣山改造成室内滑雪场，甚至还利用废弃的煤气罐、矿井等开发出了一条别具特色的旅游路线。

（六）重视转型后的环境建设

鲁尔区在转型过程中始终重视环保，注意形象。由于措施有力，改善了一度被严重污染的环境，如限制污染气体排放、建立空气质量监测系统等。如今，大部分矿山和钢铁厂关闭了，在煤炭污染过和炼钢炉烧烤过的土地上是绿荫环绕着的高科技产业园、商贸中心和文化体育设施，昔日林立的烟囱、井架和高炉已经不在，取而代之的是农田、绿地、商业区、住宅区和展览馆等；昔日浓烟蔽日、煤渣满地，如今天空蔚蓝，绿荫环绕。在鲁尔区穿行，如同行走在一个巨大的露天公园里。这不仅提高了当地人民的生活质量，也为新型产业发展创造了优美洁净的环境。

（七）培育发展中小型企业

德国在工业转型中也十分重视扶持那些有创新能力的中小企业，不断加大对中小企业科研和开发的支持力度。政府制订了鼓励向中小科技企业进行风险投资的计划以及联合研究和创新网络计划，促进和加强中小企业与科研机构的合作。中小企业凭借自身较强的应变能力，在发展壮大的同时，也为安置鲁尔区转型过程中出现的大量失业人员做出了贡献。

在加快产业结构调整，推动资源型城市经济转型方面，从联邦德国到州、县各级政府积极引导、全力推动，在土地使用、资金投入、项目和技术引进等方面制定实施了很多优惠政策，形成了全社会方方面面积极参与、全力推动资源型城市转型的良好局面，经过30多年坚持不懈的努力，使鲁尔区从“炼钢中心”逐步变成了一个炼钢等传统产业与信息技术、生物技术等“新经济”产业相结合、多种行业协调发展的新经济区，产业结构调整取得了明显的成效，成为全球资源型城市转型的成功典范。

第三节 美国匹兹堡“复兴型”范例

在美国的大城市当中，有一座城市相当独特。它既是全美最宜居城市，又是居民离去最多的城市之一。它既是美国东北部老工业基地“锈带”中的重镇，又是美国著名的文化与艺术名城。这就是以“转型”为魂的匹兹堡。

一、概况

匹兹堡（Pittsburgh）位于美国东海岸宾夕法尼亚州，是宾州第二大城市。坐落在阿勒格尼河、莫加西河与俄亥俄河的交汇处，是美国最大的内河港口之一。匹兹堡市区面积约 144km^2，都会区超过 13 800km^2，市区人口约33 万，都会区人口约240 多万。三条河流穿城而过，全市共有 446 座桥梁，使其成为名副其实的“桥城”。匹兹堡附近地区的烟煤、石灰石和铁矿石蕴藏量丰富，加上内河港口的运输便利，具有大规模发展钢铁工业的良好条件。

二、发展历史

匹兹堡在 18 世纪中叶由法国探险者确定为定居地，1758 年由英国人正式建城。1812 年开始的英美之战推动了美国制造业的发展。从 18 世纪 20 年代开始，匹兹堡已成为生产钢铁、黄铜、锌和玻璃的工业基地。美国南北战争进一步刺激了匹兹堡经济的大发展。19 世纪中后期，钢铁大王安德鲁·卡内基创立了卡内基钢铁公司，该地区发展成为美国最大的钢铁基地，其钢铁产值占美国当时钢铁产值的近 2/3。20 世纪初，匹兹堡的钢铁行业继续大规模发展，成为美国著名的工业城市，是美国钢铁工业的中心，有“世界钢铁之都”的美誉。“一战”前后，美国重工业和铁路建设发展迅猛；“二战”期间，由于战争对钢铁的需求量猛增；匹兹堡进入钢铁工业发展的“黄金时代”。钢铁工业的发展相继带动地区的经济发展。《财富》杂志当时评出的美国企业 500 强中，有 21 家公司总部设在匹兹堡，如美国钢铁公司、西屋电气公司、美国铝业公司等。冶金、焦炭、重型电气制造设备和玻璃等行业是当时地区经济的支柱行业。也正是当时，炼钢炉的滚滚浓烟为其带来了“烟城”的名号，甚至被人们称为“人间地狱”。

20 世纪 50 年代，政府开始对匹兹堡地区进行改造。之后的 60 多年，匹兹堡开始积极“摘帽”，经历了三次重要转型，被称为“三次复兴”，并焕发新生。进入 21 世纪，匹兹堡已经转型为以生物技术、计算机技术、机器人制造、医疗健康、金融、教育而闻名的繁荣的工商业城市，成为美国城市经济成功转型的典范。

三、匹兹堡的“三次复兴”

（一）第一次复兴

1910 年后，随着焦炭炉的改进，钢铁企业选址越来越趋于靠近铁矿而不是靠近赋藏煤区的地方，投资流向了新的市场。一度处于全国钢铁领袖地位的匹兹堡因其境内没有铁矿作为保证，经济发展逐渐放缓，最终陷入了长期的衰退之中。另一方面，匹兹堡的重工业在创造了经济价值的同时，也给城市带来巨大的破坏，环境受到严重的污染，匹兹堡市一度被称为“打开了盖子的地狱”。大量的煤烟笼罩城市上空，空气质量严重下降。“二战”后，匹兹堡成为一个满目疮痍的烟城，无论是中心商业区、居民区还是工厂自身处处显现着陈旧破败的痕迹，整座城市笼罩在乌黑的天空下，并长期受到洪水的侵害。其中，1936 年的灌水淹没了金三角的许多地方，水位超过了 4. 572m（15ft）。在黑烟的笼罩下，即使在正午时分，也必须开灯照明。此外，住房也十分缺乏，交通阻塞问题非常严重，城区总资产以每年上千万美元的比率下滑。在匹兹堡的发源地普特地区，到处布满了毫无用处的高架铁路路轨、货物场和仓库，碎片残渣堆满了河岸，河水被大量的工业废物弄得浑浊不堪。匹兹堡的不动产价值贬值、城市税收减少。1934 年，匹兹堡有 1/3 的就业人口失业。1944 年，匹兹堡被《华尔街日报》评为 D 级城市，前途黯淡。

在这样的经济形势之下，匹兹堡的命运已经到了或经济继续衰败或转折复兴的历史关头。从 20 世纪 40 年代开始，匹兹堡进入了第一阶段的复兴时期，这一时期的主要目标是改善环境，消除烟雾。在美国自由市场经济的条件下，环境治理的发起者不仅是政府，还有市民组织、社会团体等，最终发挥关键作用的有三大机构：

其一是阿勒根尼社区发展会议。这是 1943 年成立的一个研究和规划大都市区发展的市民组织。其目标是致力于匹兹堡的“全面的社区改良”，主要关注市中心商业区的复兴和地区经济的复兴。阿勒根尼社区发展会议认识到，清除烟雾污染、改善环境对于振兴市中心商业区、实施城市更新计划，进而振兴匹兹堡经济都是至关重要的因素。该组织的关键人物有匹兹堡地区的大金融家和企业家们，他们在匹兹堡拥有巨大的经济影响力。

其二是政府的力量，尤其是于 1945 年秋当选匹兹堡市长的戴维·劳伦斯（后连任至 1959 年）的大力支持。匹兹堡市政府治理烟雾污染的决心突出体现在他身上。作为民主党阵营的劳伦斯，为了有效治理匹兹堡市的环境，与共和党控制的地方发展会议加强合作，执行强有力的减少煤烟法令，共同改善匹兹堡环境和面貌。其后他与阿勒根尼社区发展会议的负责人进行了有效的联合，进行了一系列行之有效的环境治理措施。

其三是烟雾控制联合理事会。1943 年，匹兹堡市民俱乐部创立了这个新组织。它是来自匹兹堡及阿勒根尼县的 80 个社会团体的联合会。这个理事会的口号是“现在比以往更需要”；其宗旨是继续加强对治理烟雾的宣传教育，维持公众对除烟法令的热情。理事会还组织了一个委员会研究新的除烟雾的宣传教育，维持公众对除烟设备及无烟燃料的供应情况，组织了一个招待委员会来帮助防烟局。

在这三大机构的共同努力下，匹兹堡市迅速出台了有关环境保护的法令条文，尤其是将控制烟尘和净化河流的法律付诸实施，其结果是终于使匹兹堡摆脱了烟雾笼罩的状况。同时，随着能源类型向天然气的转换，匹兹堡市的上空日渐明朗起来。

在环境治理取得成效之后，匹兹堡市又开始进行了大规模的城市改造，尤其是重视教育、医疗、体育等社会事业的发展，进行了一系列基础设施建设。在城市改造中，匹兹堡市的一个显著特点是注重利用企业的力量进行改造。例如，在匹兹堡市发展局的协助下，市参议会批准了惠灵匹兹堡（Jag）钢铁公司的南区重建发展计划。1951 年又批准了另外两项附加项目。在奥克兰，城市发展局为扩建儿童医院及匹兹堡大学公共卫生学院清理出了 12140. 57m^2（3acre）的土地，另外又将 105218. 27m^2（26acre）土地用来修建匹兹堡大学体育场所，而这些也都是非政府资助项目。在政府资助的项目里，匹兹堡重点发展了商业中心和居民住房等，开始了在金三角地区的一系列大规模工程，解决了 1500 个家庭的住房问题，同时也大大方便了人们的生活。在坚持不懈的努力之下，购物商场、豪华办公室、河边游艇港、露天博物馆等拔地而起，匹兹堡逐渐呈现出焕然一新的面貌。

（二）第二次复兴

在这一系列的复兴计划之下，匹兹堡市经济平稳发展，在20世纪60年代到70年代初期都保持了较快的增长。但到了20世纪70年代后期，受经济危机的严重打击，美国经济普遍出现萧条，财政紧缩，同时由于匹兹堡市资源逐步枯竭，导致经济严重衰退，大量的企业倒闭，工人失业，社会问题丛生，市区人口大量下降，成为美国衰退最严重的大城市之一。

20世纪80年代，匹兹堡市政府开始采用一系列政策措施，改造传统产业，开辟新路，其产业结构逐步由重型转向轻型和服务型，表现出强大的产业转换能力和创新意识，力求树立城市新形象，发展多种产业，建立以多样化为基础的现代化经济。这标志着匹兹堡经济进入了第二次复兴时期。本次复兴计划的措施主要有以下三个方面：

第一，发展高新技术，用高新技术改造传统制造业。

“二战”以后，随着高新技术的发展，美国的产业结构中制造业就业人数剧降。但制造业仍是多样化经济中的一个重要成分。对于匹兹堡这样的老工业城市来说，制造业仍然是国民经济的重要组成部分。它确定的发展制造业规划是发展高新技术，用高新技术来改造传统制造业。重视轻工业，使企业规模变小、技术更先进，从而竞争力更强。匹兹堡还创立了小企业资助中心，向小企业贷款。同时，加强企业与高校等科研机构的合作，匹兹堡大学和卡内基·梅隆大学进入了连接高科技研究和经济增长的时代。匹兹堡大学健康医疗中心的迅速扩张使匹兹堡成为医学研究及临床治疗的国际性中心。卡内基·梅隆大学也迅速成为计算机科学及机器人研究的国际性中心。随之而来的计算机应用、生物技术、先进材料、机器人智识系统和环境技术等领域的新技术、新工艺创造了数以万计的就业机会，有效地带动了匹兹堡经济的发展。

第二，积极培育第三产业，发挥非盈利部门在经济振兴中的作用。

20世纪80年代以来，发展服务业是大势所趋。钢铁业逐渐走向衰落的时候，匹兹堡的第三产业已经有所发展。在此基础上，匹兹堡又重点发展了金融保险、法律、房地产、工程设计、科研开发等活动的生产服务业和服务于教育、医疗卫生及政府政策部门的社会服务业。社会服务业含有大量的提供教育、医疗、社会福利及文化服务的非盈利机构。在国家经济乃至世界经济重构中，由于匹兹堡市非盈利部门的出色表现，在经济重组中提供了大量宝贵的就业机会。

匹兹堡的非盈利部门基础雄厚。就教育而言，匹兹堡大学、杜宽兹尼大学、梅隆大学等都是在国际上享有盛誉的著名大学；医疗方面，它享有建立在38家医院基础上的地区医疗保健中心，同时这里也是聚集着无数工程、技术人员及科学家的人才中心。此外，匹兹堡市还拥有久负盛名的交响乐团和几家著名的大型艺术博物馆，这些文化产业的发展也为匹兹堡的经济增加了新的亮点。

第三，开发新城与保护旧城并重，将工业化遗产作为城市复兴的又一个基础。

匹兹堡处理历史文脉中的一个特色和亮点来自工业遗产概念，即工业化时期的工厂、仓库、码头、员工住宅等作为一份珍贵的历史遗产得到保护和修复，成为展示城市独特历史的博物馆一样的文化场所。匹兹堡有着得天独厚的工业化遗产资源，它是美国第一次工业革命的源头。为了科学合理地保护工业遗产，1964年，匹兹堡成立了专门的机构——历史与纪念物基金会。该基金会致力于城市文物特别是历史性建筑物的保护，在匹兹堡和宾夕法尼亚地区促进工业遗产保护和规划利用起了很大作用。

在基金会的协助下，匹兹堡市政府对城市现存的建筑物进行了考察，确定哪些建筑物需要保护、哪些需要拆除、哪些状态尚好。基金会还帮助匹兹堡市于1971年出台了第一个关于保护历史文物的法令。这样的动作获得了极大的成功，它不仅仅将历史性建筑物推向市场，增强了人们的遗产保护意识，而且获得了商业上的巨大收益，成为匹兹堡复兴的又一基础。

由于匹兹堡市政府采取的这一系列政策性措施，产业结构逐步由重型转向轻型和服务型，经济终于摆脱困境，开始走向全面的复苏。如今，匹兹堡仍然是以钢铁工业为主的城市，年产钢锭 2.5×10^7t，美国炼钢能力的 20% 集中在该市及其周围地区，还是美国的钢铁中心。并且，匹兹堡的机电设备工业目前位居美国第二位。此外，炼油、炼铝、玻璃、医药、化工、电子等工业也相当发达，其工商业、交通运输业、科技、教育、卫生等都取得了较大发展。经过多年的成功探索与经济转型，现在的匹兹堡已经成为一座美丽、繁华、现代化的国际城市。

（三）第三次复兴

1985 年，由阿勒根尼社区发展会议、宾夕法尼亚经济联盟、市县两级政府代表、匹兹堡大学和卡内基·梅隆大学参加的会议制定了“21 世纪战略：匹兹堡/阿勒根尼 21 世纪发展战略：对宾夕法尼亚州政府的建议”，它成为匹兹堡经济转型的纲领性文件。在公私合作伙伴的领导下，匹兹堡开始了它的经济转型进程。以 1994 年为界，这一进程大致可分为两个阶段。1985 ~ 1994 年为第一阶段，这一时期主要成果在基础设施改造上，而高技术的发展处于零星发展状态。为加快匹兹堡地区的经济转型，1994 年，题为“协同工作，竞争全球”的地区经济复兴计划出炉。此计划重点发展旅游业、高科技，并且加大人力资源培训，以完成到 2000 年创造 10 万个新的就业岗位的目标。在匹兹堡转型过程中，比较集中和持续的在几个领域采取措施：一是基础设施建设，包括交通设施建设和工业办公用地和工业园建设；二是发展高技术经济，如建设技术转化机制，为新企业创建提供资金、管理等方面的支持，培育新的技术产业，制造业升级等；三是发展教育，培育人力资本；四是改善娱乐休闲设施，增加对人才的吸引力。

20 世纪 80 ~ 90 年代的第三次复兴，使匹兹堡的经济基础转向教育、旅游和服务业，尤其是医疗和以机器人制造为代表的高技术产业。时任市长汤姆·默菲开始强调绿色建筑，兴建了包括 PNC 公园、匹兹堡金融峰会会址的戴维·劳伦斯会议中心等。2009 年，年轻的市长卢克·雷文斯塔尔则倡导科技与新能源产业，大力打造绿色经济。

四、匹兹堡转型的经验分析

从匹兹堡的历史可见，这座城市能够顺应美国经济发展的大势，转变自己的发展策略，这正是它与其他老工业基地相比能够保持优势的原因。

宾夕法尼亚州的匹兹堡煤炭资源丰富，曾经是美国的钢铁之城。很长一段时期，匹兹堡的繁荣是通过空气中灰尘的浓度来衡量的。“煤铁复合体”式工业发展模式使匹兹堡一度处于全美工业领袖地位，也带来了非常严重的烟雾困扰和环境污染。1910 年后，匹兹堡陷入长期的经济衰退之中，逐渐沦为“二战”后萎靡不振的老工业城市。匹兹堡开展了著名的“匹兹堡复兴”运动，采取一系列有力措施推动城市经济转型，城市面貌焕然一新。匹兹堡推动城市转型的具体措施主要包括以下几个方面：

（1）加大环境整治力度。从 19 世纪后期开始，匹兹堡开始对城市环境进行治理，市议会通过了一系列法令，限制工业、商业及运输业的排烟，但由于政策宽松、执行摇摆等原因，这些法令并没有取得明显的实效，城市环境未能得到根本改善。1941 年，匹兹堡通过了控制烟雾法令，为民用消费者以及工业、商业及交通运输等烟雾排放源规定了排放标准，并专门成立了“烟雾防管局”来负责这项法令的实施。烟雾控制法令得到了匹兹堡社会各界的广泛支持，其实施使匹兹堡最终摆脱了严重的城市空气污染状况，大气环境得到有效改善。

（2）推动城市经济结构多样化。烟雾控制成功之后，匹兹堡实行了一系列更新改造，包括办公楼群、豪华公寓、运动场馆、会议中心建设以及破旧住房清除、工业园地设施改善等，使城市面貌焕然一新。在此基础上，为避免过去单一产业所带来的脆弱性，匹兹堡开展了“匹兹堡复兴”运动，以经济结构多样化为目标，大力发展高新技术、教育医疗和各项文化产业，使城市吸引力和竞争力大大提升。“匹兹堡复兴”主要措施包括：依托雄厚的制造业基础，打造以高新技术为主导、规模小而更富竞争力的制造业；在中心商业区建立科学、教育、艺术、娱乐多项并重的“文化区”，大力发展文化产业。

（3）注重挖掘城市的历史文脉。1964年，匹兹堡成立了历史与纪念物基金会。在基金会的协助下，匹兹堡市政府对城市所有现存建筑物进行了考察，把工业化时期的工厂、仓库、码头、员工住宅等作为珍贵的历史遗产来保护和修复，使其成为展示城市独特历史的博物馆。基金会的工作代表了美国历史保护理论与实践的重大变化，即从传统维护式保护到宣传、提升、开发式保护的转变。1971年，匹兹堡出台第一个关于保护历史文物的法令。1979年，匹兹堡又成立了“匹兹堡历史回顾委员会”，主要负责实施历史遗迹保护法令。

在上述种种措施的有力推动下，匹兹堡成功实现城市转型，重工业退居边缘地位，教育、文化事业兴旺发达，医疗保健设施、计算机、机器人制造等方面成就斐然。到20世纪80年代后期，匹兹堡成为生机勃勃的后工业化城市，成为美国乃至世界老工业城市经济转型的典范。

第四节　法国洛林地区“告别型”范例

洛林地区位于法国东北部，包括孚日、默兹、默尔特-摩泽尔、摩泽尔4省。该区是法国矿产资源富集区。铁矿储量达7.7×10^9t，占法国铁矿资源的80%以上，且埋藏较浅，便于开采，铁矿品位较低，平均铁含量仅为30%上下，采矿历史长达130多年。这使得法国成为世界上铁矿最丰富的国家之一，同时，洛林铁矿也是西欧最大的铁矿。洛林地区煤矿储量也很丰富，占法国煤矿总储量的一半以上。

“二战”后，洛林的钢铁、煤炭生产有了很大发展，但是从20世纪70年代起，由于廉价进口高品位富矿的冲击，洛林的钢铁业不再景气，产量直线下滑，钢铁工业基地的发展呈现萎缩趋势。同时，随着石油的大量开采和使用，煤的国际市场竞争力也日趋下降，陷入低谷。其后，欧共体开放国际钢铁市场规定，自1987年起，成员国必须停止一切补贴。洛林的钢铁业雪上加霜，陷入了更加严重的危机。洛林地区的经济可持续发展面临严峻考验。在这种情况下，洛林地区不得已开始了长期而持久的转型过程。

法国国土整治与地区行动署联合洛林地区的官员和专家分析形势后得出了三个结论：第一，传统工业可以继续发展，但已经不可能成为当地经济的龙头，新工业、新技术和新发明的推广应用才是洛林地区经济复兴的关键，因此，必须尽快发现和建造能够带动整个地区经济的新“火车头”；第二，洛林地区经过多年建设，基础设施好，与国内外联系广泛，作为法国工业基地的名声较大，科研力量较强，完全具备支柱产业转型的基本条件；第三，环境工业及与人类健康有关的产业正方兴未艾，而作为这些产业基础的化学工业在洛林地区又有突出的优势，也就成为洛林经济发展的新的增长点。

在这种战略的指导下，法国洛林地区通过30多年的不懈努力，为人们提供了一个可供借鉴的案例。

一、法国洛林老工业基地的改造

受资源供给、产品市场变化以及新产业革命等因素的影响，自20世纪50年代开始，法国洛林地区的主要传统产业部门，如煤炭开采业、钢铁冶炼业、纺织业等相继丧失优势，步入衰退。从20世纪60年代末、70年代初开始，法国对洛林老工业基地进行了一系列改造和重塑。法国洛林老工业基地改造与德国鲁尔区的改造时间相近，采用的方法有很多相似之处，但是，相对而言，法国洛林老工业基地的改造更为激进和彻底。主要措施如下。

（一）成立专门机构，统一规划实施

1. 成立专业机构，协调改造工作

为了保证洛林等老工业区改造的顺利进行，防止地方恶性竞争，法国成立了专门机构对改造进行总领和协调。法国专门成立了工业

转型与国土整治部。在法国、比利时、卢森堡接壤地区成立了欧洲资源转型与调整中心，为老工业基地的调整与改造提供组织上的保证。

在洛林地区，还成立有煤矿关闭环境综合治理办公室，负责煤矿关闭后的善后处理工作。还有促进矿区和地方工业化的金融（投资）公司（SOFIREM），对矿区创办企业给予资金支持。

此外，洛林还有一个“洛林工业促进与发展协会”，主要负责利用洛林地区的土地、经过培训的劳动力、地理位置、基础设施和能源优势，吸引外部投资集团的注意，寻求并接受国家和国际项目。

在20世纪80年代，各地区又相继成立“地区计划委员会”，根据各地区的特点，有针对性地制订本地区的经济、社会和文化发展计划。

这些专门机构在法国洛林等老工业基地的改造过程中发挥了重大作用，使转型工作得以顺利、有序进行。

2. 制订有效规划，有序进行改造

除了成立专门机构之外，法国制订专门规划，对老工业基地实施有序改造，曾先后制订“钢铁工业改组计划”、“拯救钢铁工业计划”，还将洛林等老工业基地改造工作纳入国家统一计划之中。为了使国家目标与地区目标相协调，法国中央政府还与各地方政府签署“国家—地区经济发展合同”，国家承担合同中“优先项目”的常年义务。根据合同规定的项目，在1984～1988年间高达40亿法郎的投资额中，国家承担3/4。

（二）采用“休克式”做法，彻底告别传统产业

洛林区对传统产业的改造采取的是较为彻底、较为激进的方式。洛林区在改造的初始阶段也尝试通过为生产效率尚可的传统产业企业追加投资、扶助生产等方式推动企业现代化来复兴传统产业，但是，政策效果并不令人满意。因此，法国政府在20世纪70年代后期，修改了传统产业的“振兴”计划，而转向“紧缩”计划。在停建一切传统产业的新企业的同时，通过“关、停、并、转”，大幅度

淘汰经营不善的企业，大批裁员，以提高劳动生产率。同时，将保留的企业实施国有化改造，向少数企业集团集中。通过实施“紧缩”政策，大幅压缩煤炭、钢铁以及纺织产业规模，并最终实现退出不具有竞争优势的传统产业领域。例如，洛林虽具有煤炭资源，但由于井深，开采成本高于世界市场煤炭价格 345 法郎，于是采取逐步放弃的政策，煤炭产量从转型前的 1.47×10^7t，从业人员 2.4 万，到 2005 年已全部停止生产，仅留少量留守人员。尽管洛林具有丰富的铁资源，钢铁工业也由于每吨钢销价比进口高 457 法郎，还是全部关闭了采矿、炼铁、炼钢企业。铁矿石由高峰时期的年产 5×10^7t 减到现在已完全停止。纺织工业过去有 800 家，用人 4.5 万，现在只剩 350 家，用人不到 1.2 万人。

（三）大力提供优惠政策，高起点发展新兴产业

法国洛林地区及时意识到了工业转型实际上是一次产业革命，需要彻底转换产业技术。因此，洛林没有在原有的产业基础上拓展、延长产业链，发展接续产业，而是高起点利用第三次产业革命的成果，大力扶持和导入市场前景看好的新兴技术产业，如计算机、电子、信息、通讯、激光、生物制药、汽车等。为有效地推动新兴产业落户，洛林区主要采取了各种措施吸引投资。

1. 大力提供优惠政策，吸引投资

对于到本地投资办厂的企业，洛林地区不仅给予税收优惠，而且给予设备、土地以及就业补贴。例如，在洛林地区建厂地皮的价格比较便宜，只相当于德国的 1/5～1/6，而且地方还资助 50%；厂房建设可得到 20% 的资助，对在以前的矿区建厂，国家还以更多的资助作为鼓励。在原有矿区办厂，国家给予 5 年免税待遇；在设备方面，可得到 15% 的资助；投资额 4000 万法郎，新创 40 个就业岗位为特大项目，可得到 25% 的资助；政府帮助新建企业按岗位要求进行劳动力培训，规定每雇用一个本地劳动力可得到 3 万法郎资助。由于有了这些优惠条件与良好的服务，洛林地区在对外开放、利用外资方面取得了突破性进展，许多外国企业非常愿意到洛林来建厂。

从20世纪90年代开始，到法国投资的外商50%都集中在洛林地区。到2000年，已有20个国家在洛林地区创建了412个公司，创造了65311个就业岗位，占洛林工业就业岗位的20%，为吸纳洛林地区的失业人员起了很大作用。20世纪90年代，洛林地区的外商直接投资每年都在50亿～60亿法郎以上，1994年达到66亿法郎，一年就创造了3937个就业机会。到2004年，在该地区的外国企业已达500多家，涉及40多个国家和地区。

2. 大力兴办高新技术园区和新工业区，为投资创造条件

法国洛林地区采用兴办高新技术园区的方式，吸引国内外投资者在园区内进行高新技术产业投资。仅在洛林地区就建有南锡和梅斯两个高新技术园区。此外，还大力兴办新工业区。新工业区一般地理位置优越，交通便利，基础设施配套，服务机构齐全，投资的软、硬环境条件均十分优越，对于投资者具有巨大吸引力，仅洛林地区的新工业区就多达60个左右。

由于政府的激励扶持和丰厚的优惠政策，洛林地区的新兴技术产业发展势头良好，并逐步成为地区经济的主导产业，不仅摆脱了对于资源产业的依赖，而且有效带动了当地经济发展。到2004年，洛林地区的计算机、激光、电子、生物制药、核电等新技术产业已占国民经济的15%，汽车工业已成为支柱产业，占国民生产总值的30%。

（四）加强区域创新体系建设，扶植中小企业的发展

中小企业生产经营灵活，专业化程度较高，能够更好地应对日益多元化的市场需求，能够快速对经济环境的变化做出反应，是地区经济活力的体现。此外，中小企业是新技术的首先使用者，也是地区创新的主要力量。因此，洛林地区非常重视对中小企业的扶持。

1. 为中小企业提供创业资助

例如，在洛林地区创建雇员不足15人的小型企业，可得到1万～2万法郎的创业补贴。当企业的新设备投资达到3万法郎以上

时，若是生产性设备，可享受最高为设备投资额 30% 的地区补贴；若是服务性设备，补贴的最大比例可达 20%。

2. 支持中小企业的技术进步

中小企业招聘具有大学以上学历的高级技术人员，可得到由地方政府提供的住宅补贴、高工资补贴及研究与开发经费资助。

3. 创办中小企业孵化器

中小企业孵化器（创业园）是中小企业创业的实验场所，主要用于帮助新公司制订创业计划，帮助新公司成立，并在成立初期提供各种服务。法国的创业园内有厂房、车间、机器、办公室等设施，配有专家顾问，可供创业者实习两年。创业者可以在此积累经验，从而降低创办企业的风险。一个中小企业孵化器每年大约扶持创立 20 个新企业，帮助 10 个企业改型。为了给企业服好务，每年他们要分别同 100 个科研单位、企业取得联系，同时他们与整个地区的技术转让网络都有联系，与所有的技术开发区也都有联系，这些条件有力地促进了中小企业的发展。在洛林地区共有 10 家这样的中小企业孵化器。据统计，如果不经孵化器创业的成功率是 50%，而经过孵化器培育则成功率是 80%。

经过政府的努力，洛林地区的中小企业蓬勃发展起来，比重占到了全部企业总数的 90% 以上。这些中小企业为吸纳失业人员起到了积极的作用，也为洛林地区改造过程中的社会稳定做出了重要贡献。

（五）想方设法解决失业问题

法国洛林地区在传统产业的改造过程中大刀阔斧地关闭亏损及生产效率低下的企业，对保留下来的企业进行大幅裁员，造成大量工人下岗，使得洛林地区的失业问题十分严峻。为了解决失业问题，政府做出了很大努力。

1. 实行提前退休政策

法国规定煤矿职工退休年龄由 55 岁提前到 45 岁，地面工人由

60岁提前到50岁，提前退休职工的退休金为原工资的85%，比正常退休的65%还要高。对一些不愿转行、希望享受提前退休政策又不到提前退休年龄的职工，政府成立留守处，组织这部分职工从事煤矿关闭后的一些善后处理及环境治理工作，直至退休。

2. 加强再就业培训

传统产业的工人一般掌握的技能比较单一，无法适应新技术的变化。鉴于这种情况，法国洛林地区将再就业培训、提高职工技能作为解决失业问题的重要途径。洛林地区的再就业培训组织严密，实施分门别类管理，而且培训的时间较长，培训时间一般为2年，特殊岗位可达到3~5年。按照有关法律的规定，企业职工必须定期离岗参加培训。培训期间，职工可领取70%的工资，培训费用由国家承担。培训结束后，可返回原单位工作，也可以离开原企业另谋职业。据统计，培训后可供选择的职业岗位多达100种以上，90%的人员能重新就业。

3. 鼓励自谋职业、自主创业

以洛林地区的煤炭行业为例，政府规定，根据煤矿工人职工的年龄情况，开办公司的给予约65万法郎的启动资金；对到其他公司工作的给予约45万法郎的扶助资金；煤矿职工自谋职业所需的差旅费、邮政费等全部由煤炭公司支付；煤矿职工到新公司工作的1~3个月试用期间，工资仍然由原煤炭公司支付；煤矿工人到新公司工作，煤炭公司负责搬家并给予住房补贴等；煤矿工人在新公司第一年工资如果低于原工资，煤炭公司给予补差。

由于措施得当，尽管传统产业部门大幅裁员，但是洛林地区的下岗职工基本都得到了妥善安置。

（六）加强环境治理和基础设施建设，实施可持续发展战略

由于长期发展重化工业，洛林地区在20世纪50~60年代环境恶化十分严重，煤炭开采造成大量土地塌陷、煤矸石堆积、水环境污染。面对这种状况，法国政府在洛林地区投入巨资实施环境改造

和整治，并改善基础设施条件。

1. 大力整治矿区环境

法国在主要煤矿地区都成立了煤矿关闭环境综合治理办公室，负责环境治理工作。煤矿关闭后及时调查环境污染情况，并组织实施治理。煤矿关闭后，迅速抹掉老矿区的痕迹，对其进行重新包装，或建居民住宅、娱乐中心，或作为新厂厂址，或植树种草等。

2. 加强基础设施建设，营造良好的投资环境

在改善环境的同时，洛林不断加强基础设施建设，以期用良好的硬件环境吸引投资。为此，法国由政府拨专款专门建立了煤矿地区工业发展基金，1984 年开始时政府拨款 4.5 亿法郎。基金主要用于基础设施（不动产）投资，不需要偿还。欧盟对此也给予了大力支持，仅在洛林地区就投入了上亿欧元。

洛林转型大约花了 30 多年时间，尽管其转型成本巨大，但成效显著，使得原来让人很难睁开眼睛的工业污染地，变成了蓝天绿地、环境优美的工业新区，整个地区由衰退走向了新生，今日的洛林已成为法国吸引外资最主要的地区。

二、法国洛林老工业基地改造的成效分析

经过改造，如今的洛林发生了巨大变化。洛林已由过去的乌烟瘴气，变成了一个山青、水秀、环境优美的地方。工业的中心也由过去的煤钢为中心，转变为以汽车、塑料和电子元器件三大产业为主体的现代工业中心。2006 年，欧盟老工业基地研究报告显示，在 1996～2002 年间，除洛林的 GDP 增长率略低于法国平均水平外，就业增长率比全法国高出近 30%。

（一）“休克式”改造方法效果良好

“休克式”老工业基地改造是指彻底放弃原有产业基础，转而发展与原有产业不相关的或关联性不大的产业，并迅速培养使其成为地区的主导产业，从而直接改变产业结构的一种改造方法。很显然，

法国洛林老工业基地所进行的改造带有“休克式”特征。洛林区并没有在原有资源型产业，如煤炭、钢铁等产业的基础上，继续发展接续产业，而是大规模关闭传统产业，发展与原有产业关联度不大的新型产业。洛林老工业基地复兴的实践证明，这种“休克式”改造方法效果较好。

事实上，洛林老工业基地的原有产业主要是煤炭、钢铁等严重依赖不可再生资源的产业部门。随着不可再生资源的枯竭，产业衰退是迟早的事情，在原有的产业基础上加长产业链，发展接续产业只是延缓其消亡的时间，而无力改变其衰退的命运。而根据本地特色，发展新兴产业，摆脱对不可再生资源的依赖，不失为老工业基地改造的一种有效方法。

（二）产业技术体系调整是振兴关键

虽然洛林老工业基地振兴的政策措施包罗万象，但最核心的措施是发展新兴技术产业，对传统产业进行替代，其实质是产业技术体系的调整。与鲁尔区相似，在改造之前，洛林区的产业基础是钢铁、煤炭、冶金等重化工业。这些工业以煤炭为主要能源，是以蒸汽机技术为源技术的产业技术体系。随着廉价的新能源的出现以及微电子、新材料、生物工程、海洋工程为基础的产业技术体系的兴起，传统产业逐步丧失优势，导致洛林地区经济陷入困境。而洛林老工业基地的振兴主要依赖对传统产业的“休克式”改造及大力培植电子、计算机、信息、生物、激光、核电等新兴技术产业来实现的，其实质是将蒸汽机技术为源技术的产业技术体系向以微电子等高新技术为源技术的产业技术体系过渡。这种产业技术体系的调整，不仅为洛林带来了经济复苏、就业增长，还帮助洛林摆脱了经济对不可再生资源的依赖，建立起未来经济发展的基础。洛林改造所取得的成效完全应该归功于产业技术体系的调整。

（三）有效培训对解决就业问题至关重要

洛林老工业基地“休克式”改造方法造成了大量工人下岗，安置这些下岗人员的任务十分艰巨。然而，洛林地区却没有出现大规模的失业问题，这一方面应归功于大量新技术的植入带动的投资增长和就业增加，另一方面不能不说是洛林地区有效的就业培训所取得的成效。洛林区的就业压力主要来源于传统产业转型带来的下岗工人。由于多年来从业于传统产业，这些工人的技能及知识积累对其所从事的行业具有严重的依赖性，而缺乏适应新技术的能力。通过培训，使劳动者掌握了新技术、新技能，这对洛林地区顺利推广新技术、新产业十分有益。

（四）政府在改造过程中发挥了有效主导作用

法国中央政府及地方政府在洛林地区的改造过程中发挥了不可取代的作用。在洛林老工业基地衰退的背景之下，单纯依靠市场的力量很难改变该区域经济萧条的状况，即使能够改变，也必然需要一个漫长的过程，且极易引发社会动荡。而由政府出面，制订系统的、可行的改造规划，通过制定法律来保证规划的顺利实施，同时通过社会保障体系及各种针对性措施减轻转型带来的伤害，就能够以较小的代价，在较短的时间内实现区域经济复兴。以洛林地区对传统产业的改造为例，大批煤矿、铁矿、炼钢、纺织等成本高、消耗大、污染重的传统企业被强制关闭，未被关闭的企业也进行了大幅裁员，失业问题十分严峻。而政府适时推出就业培训、强制退休、自主就业等政策，同时发展服务业、新兴产业，鼓励中小企业的发展，使得失业问题得以顺利解决。这一过程如果没有政府的介入，后果很难想象。此外，政府在基础设施、环境保护、科教文化等公共事业方面发挥的积极作用也不可小视。

第四章　国内资源型城市转型与城市生态环境建设的基本做法

第一节　我国资源型城市转型与城市生态环境建设的现状

一、国内资源型城市现状分析

资源型城市是指因矿产资源勘查开发而建立或兴起的城市。据统计，我国有资源型城市118座，占全国共有城市662座的18%，其中，典型资源型城市60座。在118座资源型城市中，按省划分，黑龙江省最多，有13座；山西省其次，有11座；吉林、内蒙古、山东、河南、辽宁等省分别为10座、9座、9座、8座、7座；贵州省2座（六盘水、福泉）；黑龙江、吉林、辽宁三省合计30座，约占全国的1/4。按资源种类划分，煤炭城市有63座，占53%；森工城市有21座，占18%；有色冶金城市12座，占10%；石油城市9座，占8%；黑色冶金城市8座，占7%；其他城市5座，占4%。按行政级别划分，地级城市47座，县级城市71座。按人口规模划分，特大城市3座（非农业人口为100万~200万），大城市14座（非农业人口为50万~100万），中等城市44座（非农业人口为20万~50万），小城市57座（非农业人口为20万以下），分别占资源型城市的比重为2.5%、11.9%、37.3%、48.3%。其中，典型资源型城市有60座。

目前，得到国务院政策扶持的全国资源枯竭城市有44个。按批次分，第一批12家，第二批32家。按行政级别分，地级市17座，县级市（含市辖区）27座。多年来，我国资源枯竭型城市面临的问题很多，也很复杂，但归纳起来，主要面临三大问题和四大危机。

（一）三大问题

1. 一业独大问题

资源采掘业在我国资源型城市的产业结构中均占了极大的比重，部分城市曾占到九成以上，一业独大问题明显。辽宁省阜新市是国务院2001年确定的全国第一家资源型城市经济转型试点市，在2000年以前，煤炭采掘业占该地方工业产值的50%以上。云南省昆明市东川区过去被称为“天南铜都”，铜采选业是东川唯一的支柱产业，在1990年以前的鼎盛时期，铜业占地方工业经济比重高达80%～90%，铜业的税收占地方财政收入的60%以上，即使在1990年以后的资源萎缩期，其比重也高达50%。河南省焦作市以煤炭资源开采为主的资源型产业在20世纪90年代曾占工业增加值的90%以上。甘肃省金昌市是一个以有色金属冶炼和初级产品及其相关化工产品生产为主的重工业基地，以矿产资源采掘和加工业为主的产业成为重工业的核心，目前有色金属工业占全市工业的74.2%左右，全市工业增长的80%来源于有色金属的采、选、冶工业，经济发展对资源呈现高度的依赖性，同时，工业内部结构也表现出严重的不合理，重工业产值占工业总产值的比重达95%左右，这一比重多年来未发生变化。

2. 城市职能定位不恰当问题

资源型城市“因矿而生”、“因矿而兴”，并且由于资源型城市大多分布在相对偏远地区，因此，城市在发展起来以后，职能基本上是以为企业服务、帮助企业多出矿、出好矿，依附关系明显，自身造血能力薄弱。云南省昆明市东川区在整个20世纪中期到后期，当时还是地级东川市，城市定位是“为了企业多出铜、出好铜服务”，城市在产业结构的布局、企业的发展上，均体现了这一点。当时的东川市设立的电机厂、大型设备修理厂、机床厂等企业，全部是基于为矿山配套而设立的。类似问题在辽宁省阜新市、甘肃省白银市等地均有较强烈的表现，这个问题是这些城市在城企定位上的共性问题，也是目前我国资源型城市均不同程度存在的一个典型问题。

一业独大和城市职能定位不恰当是资源型城市发展过程中面临的共性问题中最核心的两个问题。前者使城市成为一个“跛足巨人”，一脚深一脚浅地跋涉，一个趔趄就可能陷入经济社会发展的双重危机；后者则使城市在面临发展问题时，产生“等靠要”思想，成为躺在企业身上“吸血”的“寄生虫”，没有形成城市自主发展的核心或原动力，一旦“树倒猢狲散”，城市必然在手足无措的茫然情形中陷入低谷，这是我国部分资源枯竭型城市发展的教训之一，也是目前作为主体的鼎盛期的资源型城市在发展过程中必须回避的两个问题。

3. 经济增长速度趋缓、增长乏力问题

从 20 世纪 80 年代末到 21 世纪初，全国城市的人均 GDP 增长速度为 8.01%。其中，资源型城市的增长速度为 6.92%，比非资源城市的 8.34% 要低 1.42 个百分点。而在资源型城市当中，是否进入资源枯竭期对城市经济增长速度有着显著的影响。进入资源枯竭期的城市平均增长速度只有 4.56%，比未进入枯竭期的城市低 2.7 个百分点。

河南省焦作市从 1956 年建市之初，就以煤炭工业为基础形成了较为完整的工业体系。到 1995 年资源型企业有 1233 个，从业人数 8.8 万人，年产矿 2.109×10^7t。但在进入“九五”后期，资源枯竭问题开始显现，全市资源型企业效益下滑。到 1999 年，全市 GDP 比上年下降了 13%，财政收入和工业增加值分别下降了 24% 和 12.2%。整个“九五”期间，在全国 GDP 增长率实现持续增长的情况下，焦作市的 GDP 增长率仅为 3.5%。

（二）四大危机

1. “一根稻草”危机

经济和社会的发展没有“救命稻草”，而对于我国目前已经进入资源枯竭期的资源型城市，资源采掘业这一根“稻草”能否抓得紧、抓得好，是城市领导者必须充分考虑的问题。如果处理不好，必然会带来城市发展当中的危机。

资源进入枯竭期，独力支撑城市经济和社会发展的资源采掘业也自然开始萎缩，陷入低谷，并最终将退出城市 GDP 增长“主发动机”的地位，逐渐从“擎天柱”变成一根轻飘飘、软绵绵的“稻草”。但在城市没有资金积累、接续和替代产业尚未形成或难以代替采掘业支撑城市经济发展全局前，采掘业还是必须抓的一根“救命稻草”。

在如何利用好“救命稻草”的问题上，诸多资源进入枯竭期的城市都在尝试，进行诸如产业升级改造、进行企业转型等诸多尝试，“一根稻草”能够带来的是喘息之机，但绝对不能救命，它带来的是机遇、可能，但更多的是危机。

由于我国在资源开发过程中，对资源型城市开发—发展—枯竭的规模一直未形成明确的认识并做出准备，因此，对于资源输出地，在大量低价格输出资源的同时，未注意形成资源开发补偿机制，导致城市在资源开发的鼎盛时期不可能积累起太多的资金用以培养接续和替代产业。而借助国家财政的支持，我国进入和即将进入资源枯竭期的城市初步估计所需转型资金将达到 1000 亿元，中央财政根本不能负担。因此，越是在资源采掘业比重高的城市，“一根稻草”的作用就越明显，城市在转型过程中，就越需要借助这根“稻草”走好“钢丝绳”。

2. 环境破坏危机

资源的开发必然带来环境的破坏，国外对于资源开采中如何保护和恢复环境有着比较严格的限制和相对成功有效的模式。但在我国，目前大多数资源型城市的发展过程中，资源开发所带来的植被破坏、水体污染、大气污染等环境破坏问题逐渐得到了关注，但一直还没有行之有效的手段来使这一关注变成实际行动，这也使得我国众多的资源型城市同时成为环境污染严重的城市和河流的“污染源”。

在甘肃省的白银市，因为企业对当地地下水的污染，造成了地下水体和流经的黄河水中重金属严重超标，黄河沿岸部分村庄因长期饮用黄河水而造成“少年白头”现象较多；在河南省焦作市，因采煤而在城市外围形成了矸石总量超过 2.5×10^{7}t 的十余座矸石山，城市环境在治理前污染非常严重。

3. 产业工人“饭碗危机”

城市转型，从很大的程度上来说就是解决失业工人的饭碗问题，否则大量的失业产业工人涌入社会，会成为非常不稳定因素，影响社会安定，也影响城市转型的工作进程。资源枯竭型城市的转型问题，实际上首先就是要解决失业产业工人的饭碗问题。

我国目前面临资源枯竭威胁的矿业城镇已经有 47 个，约占全国矿业城镇的 11% 左右，处在矿业开发鼎盛期的矿业城市中，也有不少矿山处于开发晚期阶段。全国处于资源枯竭威胁的危机矿山目前已经有 400 多座，直接涉及 300 多万矿工和 1000 余万家属的工作和生活问题。目前，全国已经批准因资源枯竭而关闭破产的项目 122 个，涉及在职职工 60 万人，离退休人员约 42 万人。

饭碗问题实实在在，处理不好会带来大量的社会问题。在辽宁省阜新市、云南省东川区、甘肃省白银市等地，因为企业破产后生活无着落，百人、千人上访，封堵公路铁路，围堵、围攻党政机关的事件时有发生，成为社会不稳定因素。辽宁省阜新市海州矿宣布破产后，从 2005 年 6 月 10 至 6 月 29 日，短期内共发生集体上访 16 批次，其中全民职工 8 次，集体职工 8 次，几乎每天都有百人以上的海州矿职工上访，最多达到千人左右。上访群众情绪激烈，多次封堵市政府大门和城区干道，最长时间达到 4 个小时，使市中心交通瘫痪。

4. 心态失衡危机

我国的资源型城市大多在计划经济时代就已建立和开始发展，并且由于当时国家对资源的特殊需要，使得资源型城市在当时享受了许多中央政府的特殊优待，进入现在的困境后，会给很多人带来相对的剥夺感；同时，一些矿产和即将破产的企业和矿山，很多在计划经济时代为国家经济发展和国防建设做出了巨大的贡献，享受了诸多的国家级荣誉，一旦破产，企业和矿山职工会有很大的失落感。

在进入资源枯竭期的矿业城市中，由于经济增长的乏力和就业岗位的急剧减少，相当一部分职工生活出现困难，导致了贫困面不断扩大。现实生活状况再和两种悲观情绪混杂在一起，使得社会群体当中弥漫着一种悲情意识，直接影响到城市的稳定和转型工作的顺利开展，也容易使怀有这两种情绪的群体成为不稳定因素。

二、我国资源型城市转型发展的制约因素

当前，我国研究资源型城市转型与发展是一项重大而紧迫的任务。由于我国资源型城市的建立发展大多根植于国家计划经济时期，其发展很大程度上取决于国家的宏观发展战略。同时，与非资源型城市相比，资源型城市的自身特征也决定了其对制度需求弹性较小，经济发展存在强烈的路径依赖，也由此形成资源型城市可持续发展的一系列制约因素。

首先，资源型城市中国有大型企业与城市产业存在断层，阻滞城市产业发展。产业发展应是上游、中游、下游一体化的，但我国资源型城市由于传统体制的原因造成行业分割，企业仅仅是一个生产车间，资源型企业只是开采资源，并不对资源进行利用加工、生产产品。比如大庆，本质上就是一个石油开采企业，城市人口的80%都是大庆职工。胜利油田在东营开采，然后用石油管道运到淄博去加工，产业就这样人为地被从中下游分割开来。采矿业也有类似情形，如采冶脱节等。

其次，资源型城市中国有企业独大，国有大中型企业与地方中小企业相互脱节，协作关系难以建立。这种情况在西部地区尤为明显。国家在资源型城市初建时在当地进行了大量的投资，建立了大型的企业，这些大型企业主要是跟国家工业体系连在一起的，而跟地方的中小企业和乡镇企业都没有什么关系。一方面国有企业的技术很先进，人员素质很高，另一方面当地的中小企业很落后，这就

形成一个断层。这种“二元性”使资源型城市自身的调整弹性很小，自我选择和自我发展能力极低。同时，城市以资源开采和加工为核心组成它的产业部门，建设周期长，占用资金多，形成规模大。生产要素构成上既专业化又单一化。在经济形势不断变化的情况下，其应变性、适应性及可调控性均较差，相反，却具有较大的发展惯性和超稳态性，难以实现产业转型发展。

再次，资源型城市中城市功能与企业功能倒错，企业的封闭运行系统排挤城市功能发展。我国资源型城市的形成一般是先有资源后建厂，先有企业后有城市。这些资源型企业通常是国家巨资投入形成的大型和特大型国有企业，并且完全是按照计划经济体制来构建和运作的“大而全”企业。在相当长的时间里，国有企业自身形成了庞大的自我服务体系，由于城市发展高度依赖国有企业，使得城市提供的公共产品很难替代企业的社会功能。国有企业的自身福利封闭运行体系排挤了城市功能的发育，使得城市中非国有经济难以进入第二、第三产业，城市发展受阻。

最后，资源产权国有，价格体系扭曲，资源型城市价值转移缺乏补偿机制。我国资源配置长期推行的自然资源国有产权地位决定了资源不能交易与流通，完全由政府供给、分配、经营和管理，以减少运行上的“初始成本”，这种制度安排在建国初期起到了节约配置资源成本的作用，但也由此埋下了资源无价、资源产品低价的制度根源。进入市场经济时期后，价格应由市场决定，但单一的产权和计划协调替代市场交易，对抗自然不可避免，由此付出的对抗成本也必然会随资源不断开发而增加，资源价格体系日趋扭曲，从而出现当前我国资源型城市面临“资源丰富、经济贫困”等与市场经济相悖的状况。资源型地区积累能力弱，难以发展新兴产业，更难以培育新兴产业投资环境，而从国家宏观管理层面还尚未形成有效的补偿机制。另一方面，由于资源型企业管理体制上执行“条条”管理，城市地方政府没有能力统率各方力量、统筹使用资金和各种资源，实现产业结构转型。这一切都成为资源型城市转型发展的制约因素，大大降低了资源型城市的竞争能力和可持续发展能力。

三、对我国资源型城市转型工作的建设

（一）各级政府要强力推动资源型城市经济转型工作

从国外资源型城市发展来看，政府在经济转型中起着主导作用。特别是在体制变革和经济转轨的过程中，政府的指导和调控作用在资源型城市经济转型中是不可或缺的，也是政府义不容辞的责任。自《国务院关于促进资源型城市可持续发展的若干意见》（国发【2007】38 号，以下简称《若干意见》）下发以来，国家发展改革委设立了东北振兴司负责资源型城市转型工作，部分省区市也成立了专门机构，但有些省市对转型工作并没有给予足够的重视，对文件的理解、认识和落实尚不到位。建议有关省区市要进一步加强对《若干意见》的学习，吃透精神，找准抓手，研究制定政策及措施。一要各级政府加强领导，列入重要议事日程；二要发挥政府主导作用，在争取和用好国家财力性转移支付资金的同时，还要更好地发挥地方财力的作用，并将有限的政府资金用在刀刃上；三要加快工作队伍建设，从组织上保障经济转型工作的开展；四要动员各方面力量，把抓好转型作为促进地方经济社会和谐发展的头等大事。

（二）重视规划在资源型城市经济转型中的重要作用

通过考察了解国外资源型城市转型情况，给人们的启示有：一是国内外资源型城市的转型，都有一个因地制宜的、结合实际的好的规划作指导，有着落实规划的具体措施和辅助手段；二是资源型城市转型必须未雨绸缪，尚在成长初期和成长中的资源型城市，要尽早规划发展接续替代产业，唯有如此才能避免出现矿竭城衰的现象；三是资源型城市转型是一项持久艰巨的任务，尤其是我国资源枯竭型城市积累的问题较多，不可能一蹴而就，相关政策措施的时限也应适当延长。建议一要抓紧抓好我国资源枯竭型城市转型规划的编制与实施工作，实事求是地根据自身环境和条件确定转型战略和发展方向，编制规划既要立足当前，更要从长远、根本出发，结合当地特点，发挥比较优势，组织科学论证，要充分发挥政府和市

场“两只手”的作用，推动规划的落实和实施，并建立规划评价制度；二要从现在就开始重视我国正在成长初期和成长中的资源型城市的发展，抓好这些城市的转型试点，提前介入并及早规划未来发展，从而起到事半功倍的效果；三要保持资源型城市转型政策措施的连续性，国家及地方各级政府支持经济转型的政策措施应与转型规划相适应，要有长期坚持不懈的充分准备。

（三）多方面支持资源型城市转型和生态环境治理

在市场经济发达的国家，从区域协调发展和重视民生等方面出发，各级政府对资源型城市转型在各方面都给予了大力支持。如两德统一后，联邦政府和州政府不仅拨付巨额资金和利用欧盟结构基金等，而且还研究出台政策，制定相关法规，对被破坏的生态环境进行恢复治理，对产业转型给予强力支持，这值得我国学习借鉴。为此，建议一要尽快建立资源开发的补偿、衰退产业的援助机制，出台可持续发展准备金实施方案，尽快出台资源税改革方案，完善资源性产品价格形成机制等；二要增加资源型城市接续替代产业国债专项资金额度，支持资源型城市加快产业转型和增加就业机会；三要各级政府在权限范围内制定资源型枯竭型城市产业转型项目财政税收优惠政策，共同安排转岗职工培训资金，促进实现转产再就业；四要加快解决矿山开采造成历史遗留的生态环境污染和破坏问题。我国近两年才开始陆续征收矿山恢复治理保证金，这对新产生的环境污染治理提供了资金保证和制度保证。针对历史遗留的大量需要治理的被污染和破坏的土地、河流以及矸石山、尾矿库等，建议通过多渠道解决治理资金问题。首先，国家和地方政府按 7∶3 的比例出资解决；其次，允许申请利用国际组织或外国政府贷款；第三，有商业开发价值的可通过招标方式进行市场化运作；第四，考虑土地置换等解决治理问题的创新方式。

（四）从制度上入手不断加强和完善法律法规建设

目前，我国资源、环保、企业及劳动保障等有关行业法律法规已经建立，但对资源型城市（或地）针对性不强，在具有统领性的综合法律上，以及能够形成有机联系的具有可操作性的管理条例上尚有缺失。鉴于此，建议要以现有法律法规为基础，从支持资源型城市可持续发展角度，系统地研究完善现有法律法规，使资源型城市的一切经济活动有法可循。同时要按照立法、执法和监督分设的原则充实和完善法律体系，及时将现在行之有效的行政法规和成熟的做法上升为法律，将资源型城市可持续发展纳入法律轨道，依法发展形成常态化，依法行政。当前要加快制定资源型城市可持续发展条例，通过法律形式协调各方面利益关系，调整各级政府和企业在资源型城市可持续发展方面的责任、权利和义务，并保障资源型企业及员工的合法权益。

第二节　“生态铜都建设与循环经济推进”的安徽省铜陵市

我国有色金属型城市为数不多，城市规模小，“一矿一城”特征突出；多数城市处于开发晚期，自然和区位条件差，城市持续发展和产业转型的基础薄弱。安徽省铜陵市是有色金属型城市产业转型步伐较快的一个典型。2002 年，铜陵市采掘工业占工业总产值的比重不足 2%，采掘业从业人员为 1.6 万人，不足全部职工数的 10%，按国际通行标准，基本上从矿业城市中转变而出。

一、铜陵市概况

铜陵市位于安徽省中南部，长江中下游南岸，东经 117°42′00″～118°10′06″、北纬 30°45′12″～31°07′56″之间。1956 年依矿建市，是一座新兴的工贸港口城市。总面积 1113km²，市区面积 280km²。现辖一县三区，代管一个国营普济圩农场，总人口 71.6 万，其中市区人口 39 万。铜陵市是因铜而建的城市，属于典型的“先矿后城式”有色冶金类资源型城市。铜陵市开采、冶炼、加工铜有 3000 多年的悠久历史，是闻名中外的“铜都”。

铜陵市地阜物华，自然资源丰富，尤以矿产资源储量丰，矿种全而闻名。已探明的矿种主要有铜、硫、铁、金、银、煤、石灰石等，其中铜、金、银、硫铁矿和石灰石储量均在全省名列前茅。大理石、灰硅岩、膨润土、铅锌矿、珍珠岩、钾长石、石英石等，也有一定储量。

铜陵市气候温和，雨量充沛，具有农作物生长的有利条件。农业生产以粮食和经济作物为主。粮食作物有水稻、小麦等；经济作物主要有棉花、大豆、油菜、花生、芝麻、茶叶、苎麻、油桐、大蒜、生姜等。

铜陵市还有丰富的水产资源和植物资源。据初步调查，铜陵水域的鱼类有8目15科44种。其中，商品鱼类有青鱼、草鱼、黄鲢鱼、白鲢鱼、鲤鱼、鳊鱼、团头鲂、黄鳝、泥鳅等。珍贵鱼类有鲚刀鱼、银鱼、鲟鱼、鳜鱼、鲥鱼、鳗鱼等。鳖、龟、蚌、螺、虾、螃蟹等品种资源也很丰富。稀有水生动物有白鳍豚、江豚、扬子鳄等。查出确定学名的植物有88科600余种，其中，观赏植物、园院及行道绿化乔木类36种，灌木类33种，绿化观赏竹类17种，蕨类60余种，草木类34种，水生类10种。药类约1400余种。药类植物中以凤凰山丹皮最为著名。铜陵市泡桐资源丰富，素有“桐乡”之称。

此外，铜陵市也具备一定的旅游资源，在二十几处人文和自然景观中，有全国重点文物保护单位1个，省级历史文化保护区1个，省级风景名胜区1个，省级森林公园1处。其中，铜文化特色尤为明显。铜陵牡丹（也称“凤丹”）与洛阳、菏泽牡丹齐名：养育的“江豚”等珍稀动物世所罕见。安徽省六大旅游节庆活动之一的“铜陵青铜文化博览会”新颖独特。

二、铜陵市转型背景

近年来，随着一些地方的资源逐渐枯竭，资源型城市相继出现了经济结构失衡、企业效益下滑、职工生活困难、就业压力增大、生态环境破坏等一系列问题。铜陵市也同样面临着类似的问题。第一个五年计划时期，铜陵市铜矿采掘和冶炼工业首先发展，1957年，矿山自产铜精矿、粗铜双双突破万吨关，接近当时总产量的一半。从此，铜陵市走上了以铜矿资源开采为主的工业发展道路。自1956年建市以来，铜陵市累计生产精铜矿铜含量超过1.2×10^6t、电解铜

超过 1.5×10^{6}t，上缴国家利税 50 多亿元。在为国民经济和国防建设作出了巨大贡献的同时，到 20 世纪 90 年代，铜陵市经济社会发展产生了一系列问题：

一是资源临近枯竭，开采成本上升。主要矿产资源，如铜、金、铁、煤等已面临品位逐步降低、开采难度加大、成本逐年上升、储量日趋递减的趋势。电解铜原料自给率不到 10%。

二是企业效益下滑，失业剧增。因矿产品产量下降，成本上升，矿山企业经济效益下降，导致大量职工结构性失业。全市 16 万名在册职工中，曾有 2.8 万多人下岗失业，特困户达 1.2 万多户，涉及人员 3.84 万人。

三是依矿建市，城市功能不全，结构不合理，出现“火车城里跑、汽车城外绕”的现象。

四是地质生态破坏和环境污染严重。

五是计划体制色彩浓厚，国有企业办社会负担重。

如何破解这些难题，避免“矿竭城衰”的命运，实现经济社会可持续发展的现实问题，非常急迫地提上了铜陵市发展的议事日程。

三、城市转型与生态环境建设的措施

安徽省铜陵市在学习实践活动中，把“国家第二批资源型城市转型试点城市”作为最需要破解的难题、最需要实现的目标，着眼于经济转型、体制转轨和环境转优，努力走出了一条具有铜陵特色的资源型城市转型之路。

（一）“腾笼换鸟”——发展循环经济，着力加快经济转型

抢抓循环经济“双试点”战略机遇，认真做好园区和项目建设“两篇文章”。一是优化“一园两区”布局。突出功能定位，强化产业集聚，进一步优化滨江循环经济工业试验园、横港循环经济工业示范区和农业循环经济试验区规划布局。其中，滨江循环经济工业试验园规划面积 $28km^2$，分为冶金化工、纺织印染、铜延伸产业、综合服务四大功能分区，现已完成基础设施投资 14 亿元，入园项目协议总投资超过 200 亿元。横港循环经济工业示范区规划面积

22km²，规划现已通过专家评审，各项前期准备工作正在紧锣密鼓地进行。农业循环经济试验区规划面积约29km²，建设绿色种植、生态养殖、农产品加工、农民新村、生态保护和休闲观光旅游六个功能区，现已完成基础设施建设投资7500万元。二是注重项目“链接”式发展。近年来，该市已安排了59个循环经济重点项目，总投资达160亿元，先后建设了有色铜阳极泥资源综合利用、铜化磷石膏综合利用等11个总投资超过20.6亿元的循环经济重点建设项目，部分项目现已经进入试生产阶段。在项目政策资金争取上，有色控股公司燃煤工业锅炉（炉窑）节能改造、铜闪速炉自热熔炼冶炼改造、电机系统节能工程、铜陵上峰水泥纯低温余热发电、铜陵海螺纯低温余热发电工程、华源麻业能量系统优化项目、毅远电光源年产100万只LED日光灯产业化项目等列入国家资源节约和环境保护财政奖励项目，获国家节能财政奖励资金5000多万元；铜陵海螺和上峰水泥纯低温余热发电，以及铜冠冶化硫酸余热发电项目还先后通过国家发改委清洁发展机制项目审核，总收益达4800多万美元；金蟾矿业（硫、金、铁）资源综合利用项目列入国家2008年底新增的资源节约和环境保护项目，新增中央预算内投资730万元；蓝盾光电子环境监测仪器及其管理系统等6个项目获386万元省级以上循环经济科技资金支持。同时，重点上报了一批循环经济项目争取国家项目资金支持，其中，新民二期污水处理工程和城北污水处理厂工程列入2009年中央预算内投资计划，共获资金1600万元。

（二）“四位一体”——深化各项改革，着力实现体制转轨

着眼于增强资源型城市转型的体制活力和发展动力，突出“两完善两建立”。

一是完善投融资体制。组建了市建设投资控股（集团）有限公司和市工业投资控股（集团）有限公司，探索建立“借、用、还”良性循环机制和保值增值的管理体制。在全省率先开办“金融超市”，变每年一次的银企对接合作活动为每月一次的“金融服务日”活动，设立专门的服务场所，组织金融机构集中办公，直接为中小企业服务。金融超市自开办以来，累计参会企业超过1500家，参会

人员近5000人次，共签订各类贷款协议29.88亿元。此外，探索通过企业上市、发行债券等方式融资，城投公司15亿元企债券已于2009年3月份正式发行。

二是完善行政管理体制。围绕转变职能、理顺关系，在全省率先平稳地实施了行政管理体制改革，初步形成职能有机统一的大部门体制。进一步推进国有经济战略性调整，在国有企业产权制度改革上求突破。

三是建立资源开发补偿机制。建立资源型城市可持续发展准备金，专门用于环境恢复与生态补偿、发展接续替代产业、解决企业历史遗留问题和企业关闭后的善后工作等。

四是建立保护生态的长效机制。重点建立环境生态建设的激励机制、目标考核机制和生态补偿等制度。

（三）“全面开花”——提升城市形象，着力促进环境转优

坚持老城改造与新城建设并举，进一步优化城市布局、完善城市功能。一是优化城市空间布局。按照“一城三区，一主两副”的城市发展定位，扎实推进西湖新区和东部、南部新城区起步区规划和建设。目前，西湖新区路网已全面开工建设；青霞路立交桥已经通车，西湖立交桥、新火车站站房和站前广场等重点项目2009年国庆节前后建成。二是加快基础设施建设。加快主副城区、城市新区、开发区之间的快速通道建设，加大城市中心区支、次干道建设，优化城市路网结构。推进环城北路、沿新大道等城市外环线建设，开工兴建西湖立交桥、青霞路立交桥等关键控制性工程。市财政投入1400多万元，建设或改造农村水利、电网、通讯等基础设施，实现了城乡基础设施“三延伸两覆盖两集中”，即交通、供水和供气延伸至中心村，供电和电信覆盖到各个村，污水和垃圾集中处理。三是加强生态文明建设。开展废弃矿山、闭矿尾矿库土地复垦，实施采空区、塌陷区、排土场和露天采坑生态环境治理。围绕实施循环经济行动纲要，切实提高新上项目环保准入门槛，强力推进清洁生产审核，大力促进节能减排，深化环境污染综合整治，加强资源节约和综合利用。认真落实生态市规划，积极引导发展生态经济，持续

推进生态乡镇、村建设，打造宜居、宜商、宜游的生态新铜都。

四、铜陵市未来发展面临的问题

铜陵市在实现经济转型、追求可持续发展的过程中，还存在着不少难点。主要表现在以下几个方面：

（1）铜矿资源、化工资源日渐枯竭，资源安全还没得到妥善解决。

（2）产业链条短且配套性不强，加工度不深；主导产业企业资源不足，产业聚集度不高。

（3）科技创新能力不强，人才匮乏、人才结构极度失衡的问题短期内难以有效解决。

（4）污染治理、生态恢复和环境保护的任务还十分艰巨，所需的大量投入除要立足自身拓展筹资渠道外，也还有赖国家政策扶持等。

这些问题都有待于铜陵市在今后继续探索和努力化解。

第三节 “从黑色到绿色”的河南省焦作市

一、焦作市概况

焦作市位于河南省西北部，北依太行与山西省接壤，南临黄河与郑州、洛阳相望。现辖2市4县4区和1个高新技术产业开发区，总面积4071km^2，总人口345.5万，其中市区人口80.7万，城镇人口133.1万。

焦作市有着优越的区位优势。它地处我国南北交会点，东西结合部，又是新欧亚大陆桥在中国境内的中心地带，具有承东启西、沟南通北的枢纽地位。焦作市有着便利的交通优势。它地处黄河南北之通道，扼晋豫两省之要冲，自古就是豫西北地区重要的物资集散地。境内有四条铁路线，有月山、待王两个较大的货运编组站，铁路交通便利。全市公路总里程达4953km，公路密度121.6km/(100km^2)，远高于全省和全国平均水平。

焦作市因煤而建，煤炭开采历史超过百年，煤田东起修武，西至博爱，南接武陟，东西长 65km，南北宽 20km，保有储量 3.24×10^{9}t，为单一的优质无烟煤，是化工和钢铁工业的理想原料。除了煤炭资源，焦作市其他自然资源的储量也十分丰富，经过普查的矿产资源有 40 多种，探明储量的有煤炭、石灰石、铝矾土、耐火黏土、硫铁矿等 20 多种以及少量的铜、铁、石英、大理石、铝、锌、磷等矿产资源。

此外，焦作市还拥有丰富的水资源、土地资源、生物资源和旅游资源，尤其是丰富而独特的自然景观和人文景观。其中，由云台山、青龙峡、峰林峡、神农山、青天河五大园区组成的云台山世界地质公园，是联合国教科文组织确定的世界首批 28 个世界地质公园之一；历史积蕴丰厚，拥有府城遗址、嘉应观等 6 处国家重点文物保护单位。2003 年，焦作市进入中国优秀旅游城市行列，焦作市山水品牌开始在全国叫响，目前已成为全国新兴的旅游热点城市之一。

二、焦作市转型背景

由于多年的开采，20 世纪 90 年代中后期，焦作市矿产资源特别是煤炭资源出现枯竭，国有大矿先后宣告无煤可采而封井报废；原煤产量由鼎盛时期的超过 1×10^{7}t 锐减至超过 4×10^{6}t；与之相配套的大批企业开工不足，亏损严重，全市经济增速连年下降，下岗职工占全市职工总数的 1/6。焦作煤业（集团）有限公司（下称焦煤集团）就是一个缩影。焦煤集团在焦作市的地位从一句形象的比喻中就可看出："焦煤一开工资，全市都能闻着肉味。"但 20 世纪 80 年代以来，焦煤集团陷入了一系列困难之中，6 对矿井被关闭，煤炭产量锐减至 3×10^{6}t，却要养活近 7 万名职工。到 1999 年年底，焦煤集团负债总额达 11.5 亿元，拖欠职工工资 1.8 亿元。

"九五"期间，在全国经济快速增长的背景下，焦作市经济年均增长率仅为 3.5%，分别比全国和河南省低 4.8 个和 6.6 个百分点；2000 年末，焦作市在岗职工 35.27 万人，离开本单位仍保留劳动关系的职工 7.03 万人，城镇失业人员 1.21 万人。企业破产关停、职工下岗失业、城市破旧不堪，各种社会矛盾和问题大量暴露，发展非煤接替产业，加快经济转型迫在眉睫。除了经济停滞不前，另一个严重的问题是环境问题。一直以来，由于矿产资源的大量开采以及环境保护意识的缺乏，城市脏、旧，污染严重。焦作市北靠的太行山由于长年的采石活动，植被遭到了严重的破坏；城市地下的采煤活动损害了建筑物和道路。企业的污染排放严重。2000 年，焦作市全部工业增加值仅占全省的5.1%，但工业废水排放总量占全省的11.9%，工业废气排放总量占全省的8.7%，工业粉尘排放总量占全省的9.8%。

如何摆脱因资源枯竭而衰的厄运，成为当时焦作市讨论最为频繁的话题。

三、焦作市转型所采取的措施

（一）发展优势特色产业，加快新型工业化进程

焦作市是一个因煤而兴的工业城市，比较突出的特色就是多数产业的形成和发展与煤相关。在推进转型的过程中，充分发挥基础优势，着力发展提升特色产业。

（1）发挥煤、水优势，壮大能源工业。独特的地质条件赋予焦作市丰富的水资源，加上与山西省煤田相连，素有焦水、晋煤“天赐良缘”之称。焦作市在原来能源工业的基础上，利用焦水、晋煤的组合优势，新改造、建设了焦作电厂、万方爱依斯电厂、金冠电力等一批电厂项目。2007 年，全市火力发电企业已达 18 家，火电总装机容量 2.94×10^6kW。目前，焦作市立足于节能增效，积极“压小上大”，关停小火电机组 1.625×10^5kW，正在推进龙源电厂等电力项目，到 2012 年装机容量将超过 4×10^6kW。

（2）发展电、铝联产，建设铝工业基地。着眼于电力资源就地转化增值，大力发展电、铝联产，先后投资 30 多亿元实施了强化烧结法生产氧化铝、280kA 槽电解铝等一批国家级技术改造项目和科技示范工程，使铝工业的优势地位很快突出出来。到 2007 年，已形成年产 2×10^6t 氧化铝、5×10^5t 电解铝的生产能力。随着一批在建项目的逐步投产，2010 年形成 3×10^6t 氧化铝、1×10^6t 电解铝的生

产能力，打造出两个年销售收入超100亿元的大型铝工业企业集团。

（3）利用先进技术，改造提升化学工业。焦作市是全国44个重点化工城市之一，发展之初以原料化工为主。经过多年的发展，已实现由原料化工向生物化工、医药化工、精细化工的转变，初步形成门类较为齐全的化工体系和氯碱、钛白粉、煤化工、氟化盐等四个主要产业链，拥有昊华宇航、金山化工、佰利联等多家省重点企业和高成长型企业。目前，烧碱、氟化盐、钛白粉等化工产品具有较强的竞争力，产量均居国内前列。其中，金山化工纯碱产能居全国第五位，联碱、氯化铵产能均居全国第一位。

（4）整合现有资源，大力发展机械制造业。在发展传统煤矿机械、粮食机械的基础上，重点拓展了工程机械、汽车零部件等产品体系，部分企业的生产规模和能力已达到国际、国内先进水平。厦工股份公司在焦作市投资建设北方生产基地，一期已形成年产4000台大型工程机械的生产能力；中轴集团的凸轮轴薄壁缸套等产品的生产规模居全国同类企业前列；中原内配公司已成为亚洲内燃机行业生产大径缸气缸套的最大企业；焦作制动器公司率先在国内掌握汽动ABS的生产技术。2007年，汽车零部件工业实现增加值34.6亿元，占规模以上工业增加值的8.1%。

（二）依托农副产品加工，大力推进农业产业化

焦作市是全国粮食高产区之一，全部县市已实现吨粮田（1998年成为我国北方第一个吨粮市），其中2008年小麦单产更是高达519kg，总产量达到1.2×10^6t，连片超高产攻关田亩产突破728kg，再创历史新高。几年来，为实现高产农业向高效农业的转变，按照突出特色、建立支柱、扶持龙头的思路，大力发展农副产品加工业。

一方面，坚持以工促农，积极推进农业产业化经营。焦作市政府出台了一系列激励政策，并争取30亿元政府信用贷款，支持农产品加工业发展，壮大了一批产业化龙头企业。2008年，全市农产品加工企业达666家，年销售收入超亿元企业有48家，涌现出了斯美特、蒙牛乳业、大用等3家国家重点龙头企业，以及20家省重点龙头企业和64家市重点龙头企业，形成了牛奶、速生杨、小麦、小麦

种子、玉米、肉鸡、肉牛、生猪、怀药等9大产业链，其中小麦、玉米的年加工能力均超过1×10^6t，不仅解决了农产品就地转化增值的问题，而且发展形成了一个新型资源工业。2007年，农副产品加工业实现增加值113.1亿元，占规模以上工业增加值的26.6%。

另一方面，坚持以产业化经营带动基地建设，大力发展高效特色农业。小麦种子面积达到60万亩（1亩=666.67平方米），成为全省小麦种子面积最大的市，四大怀药种植面积达到24.3万亩，工业原料林达到53万亩，规模化奶牛养殖场达到80个。

（三）以旅游业为龙头，带动第三产业全面发展

焦作市旅游资源丰富，山水风光独具特色，历史文化底蕴丰厚，现存有商代府城遗址、嘉应观、月山寺等文物古迹，是韩愈、李商隐、司马懿等历史名人的故里，还是中国太极拳的发源地，被国家命名为“太极圣地”。从1999年开始，焦作市围绕发挥旅游资源优势，坚持高起点、大投入，大力发展旅游业。

一是精心打造精品景区。围绕“焦作山水”的旅游定位，先后投入巨资重点开发建设了北部太行山一线以云台山、青天河、神农山、青龙峡、峰林峡五大景区为主的自然山水景观，中部以焦作影视城、龙源湖公园等为代表的城市休闲娱乐景观，南部黄河一线以太极拳发源地陈家沟、万里黄河第一观——嘉应观、韩愈故里等为代表的历史人文景观，形成了以“五大景区、十大景点”为代表的焦作山水游格局。2003年，焦作市顺利通过国家旅游局创建中国优秀旅游城市验收。2004年，云台山入选首批世界地质公园。2005年，神农山、青天河成为国家重点风景名胜区。2006年，云台山成为国家首批创建5A级旅游区示范单位。

二是积极开展宣传促销。为叫响焦作山水品牌，焦作市财政每年拿出500万元资金用于旅游宣传促销。各县（市）区也都拿出配套资金，对景区进行宣传包装。在科学划分客源市场层次的基础上，通过各类新闻媒体、宣传“大篷车”以及举办节会赛事等活动广泛宣传推介，有效提升了焦作旅游的知名度和影响力。2003年3月，

“焦作山水”和“云台山”双双被评为“中国旅游知名品牌”。2009年，焦作市还获得了“中国城市旅游竞争力百强城市”、“中国优秀旅游城市”、“最佳休闲旅游城市”和“中国旅游魅力城市”称号，国内首家旅游研究基地也在焦作市成立。

三是完善旅游配套服务。随着旅游业的快速发展，配套服务的发展刻不容缓。围绕延长旅游产业链条，加快了餐饮、娱乐、接待等服务设施的建设步伐，家乐福、丹尼斯、麦当劳等一批国内外知名企业进驻焦作市，建成19个星级宾馆饭店，四星级以上宾馆饭店达到5家。随着旅游产业规模的不断扩大，焦作市逐步由旅游资源富市向旅游经济强市迈进，各景区景点接待游客人数、门票收入连年高速增长。2007年，焦作市旅游门票收入实现3.6亿元，旅游综合收入达到93亿元，旅游综合收入占GDP的比重由1999年的不足1%提高到2007年的11%。第三产业占地区生产总值的比重为25.7%，实现增加值219.8亿元，增长12.5%。

四、焦作市转型经验

首先是科学规划。焦作市坚持规划先行，用科学发展理念编制规划，以先进规划指导科学发展。围绕贯彻科学发展观，焦作市聘请专家编制完成了城市总体规划和各产业专项规划，其中重点编制了《焦作市老工业基地工业结构升级专项规划》，把焦作市定位为新型工业城、知名旅游城和山水园林城市，对焦作市调整经济结构、转变发展方式和持续发展起到了重要的指导作用。

其次是项目带动。焦作市坚持用项目落实规划，靠项目支撑发展。焦作市始终大力实施项目带动战略，特别是把重大工业项目建设摆在发展工业经济、培育支柱产业的突出位置，积极谋划、引进、实施一批对工业经济发展全局具有示范带动作用的重大项目。2007年全市在建项目1483个，总投资在1亿元以上的项目100多个。其中工业项目建设893个，总投资456.4亿元。

再次是科技推动。推进自主创新，建成了一批省级工程技术创新平台。2007年，全市拥有国家级和省级企业技术中心26家、省级和市级工程技术中心34家、博士后科研工作站2个，以企业为主体的技术创新体系初步形成。大力发展高新技术产业，积极实施科技发展计划，“十五”期间组织重点科技攻关和高新技术产业化项目802项，生物制药、新能源、新材料等新兴产业得以快速发展。2007年，焦作市拥有省级高新技术企业85家、高新技术产品210项；高新技术产业增加值完成88.2亿元，增长64%，占全市规模以上工业增加值的比重达到20.7%。近年来，焦作市先后被评为“全国科技进步先进市”、国家首批全省唯一的“技术创新示范市”、“对外国际科技合作试点城市”。

最后是开放带动。坚持把对外开放作为经济发展的主战略来抓，积极开展对外经济交流与合作，努力在引进资金、技术、项目等方面寻求突破。2007年1月7日，焦作市荣获首届“中国投资环境百佳城市”称号，已吸引韩国电力公社、美国爱依斯、英国GKN等世界500强企业来焦作市投资，蒙牛乳业、深圳健康园、青岛汉缆等一批国内优势企业也纷纷落户焦作。特别是在企业改制过程中，焦作市注意把企业改制与企业股份化、外向化发展结合起来，实现了焦作万方与中铝总公司、风神股份与中国昊华、沁阳铝电与神火集团的强强联合，使企业焕发了生机和活力。

第四节 “退工进农”的辽宁省阜新市

煤城在我国矿业城市中是数量最多的。我国煤炭城市产业结构普遍单一且粗放，城市经济和就业对煤炭资源和煤矿高度依赖；由煤炭资源开发阶段性决定着的城市发展有着鲜明阶段性，资源枯竭对城市持续稳定发展带来的压力更大；企业和城市文化具有明显的资源指向性，吃苦耐劳但安于现状，封闭思想和恋煤情结严重。在转型过程中，辽宁省阜新市因地制宜、科学地选择产业转型方案；通过发展现代农业，吸纳下岗职工，从而走出了一条“退工进农”的有效解决持续发展的路子。政府除了积极引导、破除“等靠要”思想外，通过建立农业园区和技能培训等科技服务和科技创业体系，为现代农业发展提供必要的技术支撑和示范，带动下岗职工自主创业。

一、阜新市概况

阜新市于 1940 年建市，市名源于“物阜民丰，焕然一新”之意。位于辽宁省西北部，地处东经 121°01′~122°56′、北纬 41°41′~42°56′之间。东临省会，距沈阳直线距离 147.5km；南靠渤海辽东湾，与大连港南北相望；西与锦州港、京津地区襟衣相连，是环渤海经济区的组成部分之一。

全市总面积 10355km^2，其中城市规划区面积 674.02km^2，建成区面积 53km^2。下辖两县五区，全市总人口 193 万，其中城市人口 78 万，全市有 30 个少数民族。

阜新市农业资源和矿产资源比较丰富。现有耕地 564 万亩，农村人均占有耕地 5.6 亩，居全省第一位，是全国人均耕地的 4 倍。所辖两县均是全国和辽宁省的重要商品粮基地和畜牧业基地。全市有林地面积 581 万亩，森林覆盖率已达到 30% 以上。阜新市地面和地下蕴藏着煤、金、铁、石灰石、玛瑙、硅砂、萤石、沸石、膨润土、玄武岩、地热、风力等 40 多种资源。其中，萤石、沸石、硅砂储量居全省第一位。阜新市是全国玛瑙制品的集散地，玛瑙产量与销量占全国的一半，被誉为“中国玛瑙之都”。

阜新市是一座“因煤而立、因煤而兴”的资源型城市，至今已有 100 多年的煤炭开采历史。“一五”时期，国家 156 个重点项目中有 4 个煤炭和电力工业项目建在阜新市，包括当时亚洲最大的露天煤矿——海州露天煤矿，当时亚洲最大的火力发电厂——阜新发电厂，从而使阜新市成为新中国最早建立起来的能源基地之一。50 多年来，全市已累计生产煤炭 5.6×10^8t，发电 1.6×10^{11}kW·h，为国家经济建设做出了重要贡献。全市已形成了煤炭、电力、电子、化工、食品、纺织、建材、机械、轻工、医药等多门类于一体的工业体系，出现了一批骨干企业和重要产品。第一艘核潜艇、第一颗地球同步卫星、第一架高空侦察机上，都有阜新市的电子产品。

随着煤炭资源迅速枯竭，阜新市经济陷入困境，出现了一系列社会问题。2001 年底，阜新市被国务院确定为全国第一个资源型城市经济转型试点市，迎来了历史性发展机遇。几年来，阜新市紧紧抓住这一难得机遇，在探索中国特色资源枯竭型城市经济转型道路方面进行了有益尝试。

二、阜新市转型的背景

自20世纪80年代以来，由于经济结构单一，产业固化，历史包袱沉重，加上连年旱灾，在探明可采资源的逐步枯竭，年产超过4×10^6t煤的海州露天煤矿和另几个矿山先后闭坑而又没有其他支柱产业接替的情况下，阜新市经济陷入困境。至2000年底，生产总值仅增长0.2%，总量仅62亿元，全市下岗人员达15.6万人，其中煤矿职工12.9万人，占市区职工总数的36.7%，农村贫困人口和返贫人口达60万人，超过农村人口的50%。

2001年，阜新市迎来了重大的历史发展机遇。国务院决定在阜新市进行资源型城市经济转型试点，探索一条符合中国国情的资源型城市经济转型的路子。经研究，确定阜新市经济转型的重点和方向是发展第一、第三产业，坚持走现代农业之路，大力发展现代流通业，调整优化第二产业，逐步形成第一、第二、第三产业协调发展，形成能够适应市场变化的产业结构，实现阜新的第二次创业。

三、阜新转型战略——实现三个可持续发展

城市转型是一项艰巨而复杂的系统工程，没有成功的模式可以借鉴，也没有现成的套路可以照搬。资源型城市经过多年的发展和积累，逐步形成了各具特色的优势产业和生产要素，具有独特优势和发展潜力，由此决定了资源型城市经济转型所选择的重点和方向不同。2002年以来，阜新市坚持从实际出发，把实现产业的可持续发展、环境的可持续发展和人的可持续发展作为经济转型的战略选择，走出一条符合市情的发展之路。

（一）依托四大优势，让产业可持续发展

在经济转型过程中，阜新市充分认识并依托各种优势，把经济结构调整作为经济转型的核心，努力实现产业的可持续发展。

依托资源优势，大力培育和引进龙头企业，建设全国重要的食

品及农产品加工供应基地。几年来，全市共引进培育龙头企业80多个，河南双汇、内蒙古伊利、山东六和等一批大型龙头企业落户阜新。截至2007年底，全市规模以上农产品加工龙头企业产值占规模以上工业的比重比转型前提高14.6个百分点。

依托传统优势，实施稳煤强电战略，建设全国重要的新型能源基地。通过深部找矿、提高井工矿生产能力等措施，使煤炭产量在一定时期内保持在1×10^7t左右。大力发展电力工业，总装机容量7×10^5kW的阜新发电公司三期技改项目和总装机容量6×10^5kW的金山煤矸石热电厂投入运营。总体规划3.6×10^6kW的风电项目建设步伐加快。

依托能源优势，推进资源深加工，建设全国重要的煤化工产业基地。积极利用阜新和蒙东地区的煤炭资源发展煤化工产业，阜新煤化工基地建设项目总体规划已被列入国家和辽宁省发展规划，总投资254亿元的大唐国际煤制气项目环评报告通过评审，开工准备工作基本就绪。

依托比较优势，加速产业集聚，培育壮大一批优势特色产业。阜新结合自身优势和周边地区产业发展状况，突出抓了皮革、液压、林产品、铸造、氟化工、新型电子、玛瑙加工等产业集群建设，并在彰武林产品产业基地、清河门皮革产业基地建设上取得了重大突破。

经过几年的努力，阜新市“三大基地”建设和优势特色产业发展取得阶段性成果，一煤独大的单一产业结构得到调整，多元化产业发展格局初步形成。

（二）坚持四个“突出”，让环境可持续发展

同是资源型城市，是像前苏联的巴库透支开采致使能源枯竭，几十万居民迁徙；还是像美国德州的休斯敦，以高科技取代资源，逐步走向可持续发展？对此，阜新人做出了自己的选择。

第一，突出生态环境建设。积极实施“林业二次创业”，大力推进退耕还林、辽西北边界防护林带、防沙治沙、农田林网、村屯绿化、矿区绿化等林业重点工程建设。2001年以来，全市累计完成植

树造林和封山育林 596.6 万亩，并在全省率先启动了封山禁牧工程。

第二，突出城市环境建设。按照建设“清洁卫生城市”和“生态园林城市”的目标，加大了对城区街路改造力度，并建设了广场、游园、车站等一批改善城市面貌的重点工程。实施了城市中心区、阜蒙县城、新邱区“三位一体”发展规划，引白一期工程达到通水条件，城市污水处理厂、垃圾处理场投入使用，填补了城市功能方面的空白。实施了细河城市段治理工程，并荣获“中国人居环境范例奖”。城市绿化覆被率达到 42%，阜新市晋升为省级“园林城市”。

第三，突出群众生活环境改善。在国家的支持下，从 2002 年起实施了总投资 14.4 亿元的采煤沉陷区治理工程，现已通过国家验收，总治理面积 $1.32\times10^6\mathrm{m}^2$，有近 4.3 万户居民得到安置和受益。从 2005 年开始，阜新市陆续启动实施了 $5\times10^4\mathrm{m}^2$ 和 $1\times10^4\mathrm{m}^2$ 以上集中连片棚户区改造工程，拆除房屋 $3.29\times10^6\mathrm{m}^2$，新建住宅楼 $3.768\times10^6\mathrm{m}^2$，使 10 万多户居民得到安置和受益。在这两项工程中，有 1/4 以上市区居民受益。

第四，突出矿区环境整治。阜新市坚持把改善矿区生态环境作为重点工程来抓，海州露天矿排土场和新邱东、西排土场复垦等矿区矸石山复垦治理工程基本结束，矿区绿化面积达到 5 万多亩，昔日的人造荒漠变成了今日的人造绿洲。特别是加大了海州露天矿关闭破产后地质灾害治理力度，露天大坑开发被国家确定为全国第一批矿山公园和全国工业遗产旅游示范区。矿山公园主题广场完工，已于 2009 年 7 月 27 日开园。

（三）凸显以人为本，让人可持续发展

资源型城市转型不仅仅是经济问题，更多的是社会问题，要解决人的生存和发展的问题。在转型过程中，阜新市坚持转型是为了人民，转型要依靠人民，从而使经济转型与社会事业发展同步，经济转型与保护社会和谐稳定同步。

这些来年，阜新市坚持就业优先战略，千方百计抓好就业、再就业工作。始终把促进就业作为大事来抓，对就业目标优先安排，

优先考核，优先奖惩，在上项目、发展经济上都优先考虑就业。注重从建设现代农业基地、引进培育农业产业化龙头企业、发展民营经济等10个方面拓宽就业渠道，创造大量的就业机会。发动各方面力量，共同抓好“零就业家庭”、沉陷区治理搬迁失业人员、棚户区改造下岗失业人员、“4050”人员等就业困难群体就业。

加强社会保障和救助体系建设。城镇职工基本养老保险制度基本完善，27.8万名退休职工养老标准得到了提高；国有企业下岗职工向失业保险并轨工作基本完成；失业保险及基本医疗保险参保人数分别达到22.8万人和42.2万人。新型农村合作医疗制度全面实施，农业人口参合率达到100%。农村最低生活保障制度启动，6.1万名贫困农民得到救助。

积极培养经济转型适用人才。阜新市高度重视人力资源开发，制定出台了一系列加强人才工作的政策措施。依托中国农业大学、沈阳农业大学、辽宁工程技术大学、大连工业大学四所高校为阜新市定向招收本科生，共培养各类专业人才1200多名。实施“一村一名大学生”计划，近1000名毕业生回乡创业。加快发展职业教育，积极推进校校、校企联合办学，实行“订单式”培养。几年来，全市中等职业学校毕业生达到2.5万人，就业率达到95%以上。

四、阜新转型具体做法——“三个同步”与“四个依靠”

几年来，阜新市坚持“三个同步”和“四个依靠”推进，促进了经济转型不断向纵深发展。

（一）“三个同步”推进全面转型

坚持经济转型与农业农村经济发展同步推进。始终以推进农业产业化经营、培育壮大农产品加工业这一重要接续产业，带动农业和农村经济发展。坚持以农业现代化为基础，以工业化为主导，以城镇化为支撑，加快发展县域经济。以农产品基地建设为重点，大力发展畜牧业、设施农业、特色种植业及林果业，其中畜牧业已占农业的半壁江山。农业循环经济发展取得明显成效，阜新市被农业部确定为东北三省唯一的循环农业示范市。

坚持经济转型与社会事业发展同步推进。坚持教育优先战略，不断巩固“普九”成果，大力改善农村办学条件，农村初中全部达到省级标准化水平。认真落实国家有关政策，阜蒙、彰武两县教育“两免一补”率达到100%。广泛开展群众性文化活动，积极发展文化产业，注重挖掘和保护民族民间文化。医疗卫生事业健康发展，社区卫生覆盖率达到100%。

坚持经济转型与保持社会和谐稳定同步推进。阜新市把解决历史遗留问题放在重要位置，通过实施社会保障、培训和再就业、基础设施建设、环境整治“四大工程”，及时有效地化解了一系列矛盾和不稳定因素，有效保证了国有煤矿破产顺利进行。

（二）“四个依靠”增添发展动力

“三个同步”推进有效地发挥了经济转型的作用，而“四个依靠”又使阜新市的发展增添了活力。

依靠解放思想，增强经济转型的精神动力。转型之初，阜新市面对的最大困难是资源枯竭、经济落后给阜新人带来的陈旧观念和悲观失望的精神状态。为此，阜新市把解放思想、更新观念贯穿于经济转型的全过程，有针对性地进行一系列大的思想发动，营造强大的舆论声势，使全市人民树立起了自力更生、奋发图强的思想观念和开拓创新、埋头苦干的工作作风。

依靠深化改革，增强转型振兴的内在活力。一是加大国有工业企业的改革力度，以建立现代企业制度为目标，使国有工业企业改制任务全面完成；二是大力推进非工业企业转制，商贸流通企业转制面达到80%以上，粮食企业转制基本完成，建筑等领域国有企业转制迈出重要步伐，公益性企业转制实现突破；三是大力发展民营经济，出台了《关于扶持民营经济发展的意见》。

依靠对外开放，增强转型振兴的外在推力。立足自身优势，打好“经济转型试点牌”、“沈阳经济区牌”和“突破辽西北牌”，瞄准国内外最先进的大企业、大集团，努力寻求经济转型与外商投资的结合点，促成了美国凯莱英、中意玻璃钢、盛明热电、大昌铜业等一批投资上亿元的项目建成投产。

依靠科技创新，增强转型振兴的第一生产力。先后与中国农科院、清华大学等20多家高校院所开展了多领域的科技合作，建立了以科技研发、成果推广和人才培养等为主要内容的产学研一体化科技创新体制，加快科技成果转化。在科技部的支持下，实施了现代农业方面的13个科技专项，已有50个项目投产；积极搭建科技创新平台。

五、阜新市转型取得的阶段性成果

在推进经济转型中，阜新市从实际出发，坚持“自力更生，龙头牵动，科技支撑，民营为主，市场运作”的方针，确定了立足阜新市现有基础和优势，构筑“主导产业+支柱产业”经济格局，变单一经济结构为多元经济结构的转型思路，经济转型试点工作取得阶段性成果。

(1) 接续主导产业框架初步形成。阜新市依托丰富的农业资源优势，大力发展农产品精深加工业，形成新的产业优势，构筑新的主导产业。到2005年，引进和培育河南双汇、上海大江、内蒙古伊利、草原兴发、东阿阿胶等70多个龙头企业，带动全市形成了生猪、乳品、家禽等十四个农业产业化链条，基本完成了培育农产品加工业第一阶段的布局，初步构筑起接续主导产业框架。农产品加工业占规模以上工业的比重由2000年的12.7%上升到2004年的21.9%，总量由2000年的全市第三位上升到第二位。

(2) 支柱产业不断发展壮大。一是稳定煤炭生产，大力发展电力工业。通过技术改造和开发新资源，使煤炭产量在一定时期稳定在1×10^{7}t；发挥阜新坑口电厂优势，启动实施了阜新发电厂三期改造、金山煤矸石热电等一批电力工业项目。二是抓住辽宁建设全国装备制造业基地的契机，发挥生产汽车动力转向泵和大吨位压铸机的优势，建设辽宁装备制造业的重要配套基地取得初步成效。三是做大一批具有比较优势的产业，规划建设了玻璃、电子、橡胶、氟化工四大工业园区，突出发展优质浮法玻璃深加工业、橡胶制品业、新型电子元器件制造业和含氟精细化工业。目前，这些支柱产业占全市规模以上工业的50%以上。

（3）一批下岗失业人员在转型中实现再就业。阜新市坚持就业优先原则，把就业作为转型的重中之重。到2005年，通过引进和培育农业产业化龙头企业、扩大劳务输出、创办创业实体等10个方面的渠道，全市实现再就业13万人，其中矿区下岗职工3.2万人。同时，阜新紧紧抓住国家在辽宁完善社保试点机遇，加强社会保障体系建设，城镇职工基本养老保险制度基本完善，全市符合条件的9.8万名国有企业职工全部实现“并轨”，23.2万名职工参加了基本医疗保险，17.8万名城市困难居民得到了最低生活保障，实现了应保尽保。

（4）城乡生态环境明显改观。大量开采资源，造成环境恶劣、生态恶化是资源型城市的共性问题。截至2005年，阜新地区共投入基础设施建设资金9.1亿元，相当于“九五”期间的2倍。完成了煤城路、红树路等城市80多条主次干道的改造；启动和实施了细河城市段治理、污水处理厂等一批重点工程项目；阜锦高速等一批道路桥涵建成通车，阜新至上海旅客列车开行。同时建设了一批重大生态环境建设项目。植树造林287万亩，是“九五”的3.1倍；实施了海州矿排土场和新邱东排土场复垦项目等矿区矸石山复垦治理工程。

（5）采煤沉陷治理工程稳步推进。在国家的大力支持下，从2002年起，阜新市启动了采煤沉陷区治理工程。工程总投资11.8亿元，总建筑面积$9.94\times10^5m^2$。到2004年，已累计开工建筑面积$9.07\times10^5m^2$，累计完成投资9.6亿元，1.2万户沉陷区居民喜迁新居，到2004年底，1.8万户沉陷区居民的住房得到根本解决。2005年，阜新市在矿区全面启动实施了棚户区改造工程，在2008年已完成$2.21\times10^6m^2$的改造任务，彻底改善了矿区人民生活环境。

六、阜新转型的经验

阜新转型的经验对其他资源型城市转型有八点启示：

（1）推进经济转型，要把解放思想作为重要前提。实践证明，思想解放的程度决定经济转型的进度。只有以解放思想为先导，以观念更新带动体制、机制和科技创新，才能有效破除各种思想障碍，为转型振兴提供精神动力。在转型中需要国家的支持，但要坚持以自力更生为主，依靠国家支持为辅。

（2）推进经济转型，要因地制宜培育接续替代产业。经济转型的过程就是培育壮大接续替代产业的过程。只有立足于本地的比较优势，科学谋势，挖掘优势，打造优势，发挥优势，才能变单一产业结构为多元化经济结构，形成符合本地实际和具有旺盛生命力的接续替代产业。

（3）推进经济转型，要坚定不移地抓好项目建设。加快发展，关键在于项目建设。只有坚持以项目建设为核心，狠抓项目建设不放松，用项目建设带动经济增长，才能实现又好又快发展。

（4）推进经济转型，要坚持推进改革开放。改革开放是新时期最鲜明的特点，也是促进转型振兴的内在动力和外部推力。只有深化改革，才能增强经济发展的活力；只有扩大开放，才能引进资金、项目、技术、人才，从根本上破解制约发展的“瓶颈”问题。

（5）推进经济转型，要把解决民生问题作为根本目的。保障和改善民生是经济转型的出发点和落脚点。只有把安置就业放在优先位置，扎扎实实地搞好就业、社保、安居、就医等民生工程，让转型成果更多地惠及人民群众，才能调动广大人民群众投身转型振兴的积极性、主动性和创造性。

（6）推进经济转型，要把生态环境治理放在重要的位置。改善生态环境是转型振兴的长远大计，是提高人民生活质量，促进经济增长方式转变的必然选择。在转型中必须大力推进生态环境整治，发展循环经济，努力实现地区经济的可持续发展。

（7）推进经济转型，要坚持统筹城乡发展。资源型城市经济转型是城市和农村的全面转型。只有坚持统筹城乡发展，在抓好城市经济发展的同时，大力推进农业结构调整和农业产业化经营，形成城乡产业互动与融合，打破城乡二元结构，才能增强转型振兴的后劲。

（8）推进经济转型，要注意处理好当前和长远的关系。资源型城市在经济社会发展中出现的一系列困难和问题，是长期积累形成的。解决这些困难和问题，必将是一个长期的、渐进的过程。只有立足当前、谋划长远，注重积小胜为大胜，才能完成好转型振兴重任。

第五节 资源型城市转型与城市生态环境建设的启示

"前车之鉴，后事之师"。从以上国外、国内资源型城市成功转型案例来看，初步得到如下结论：

（1）资源型城市转型，国家必须研究建立制度安排，给予资金与政策支持。由于我国资源型城市建立发展及其对国民经济的巨大贡献，决定了其转型发展一定程度上需要国家建立有效的制度安排。经济学告诉人们，资源配置无效必然导致经济发展的低效甚至紊乱。我国实行的社会主义市场经济制度必然要求确立自然资源有价的观点。为此，国家应依据资源开发程度与资源开采周期，建立资源开发补偿机制与衰退产业援助机制。资源开发补偿机制的实质是资源型城市在资源开采过程中所付出的资源代价和环境代价以及基础设施历史欠账得到应有的补偿；以国家为实施主体，其主要政策框架应包括建立健全涉及资源开发补偿的法律法规、建立资源开发历史补偿制度、建立国家资源开发补偿基金、制定土地资源补偿办法、实施生态环境治理工程补偿等。衰退产业援助机制的实质是国家从区域经济协调发展的角度，对陷入困境、主导产业缺失的资源型城市在支付改革成本、建立社保体系、发展接续产业等方面给予直接援助；其主要政策框架应包括制订综合规划、建立国家级资源型城市衰退产业援助基金、生产力布局向资源型城市倾斜、辟建特别工业园区、扩大地方资源开发自主权、实行财税金融优惠政策、支持资源型城市国有企业改制重组、支持资源型城市建立健全社会保障体系等。

从表面看，"两个机制"过于依赖国家，有悖于社会主义市场经济原则；而实际上，这是对长期计划经济市场失灵的纠偏。资源开发的补偿，应该由资源型企业、资源受益者和地方政府共同承担。但是，资源型企业创造的利润和税收大都已上缴国家，而资源受益地区和企业实际上是通过不等价交换使用的资源，这些地区和企业都不可能再承担资源开发的补偿责任，终形成历史欠账。目前，我国资源型城市大都陷入经济危困，也无法实施有效的补偿，所以这种补偿需要由国家机制来完成。

（2）资源型城市转型，地方政府需要因地制宜选择具有区域特色的发展战略。从资源型城市地方政府来看，其既是城市转型发展的客体又是转型的主体，如何进行城市转型发展的战略选择将决定其未来的城市发展路径。分析我国资源型城市特征，考察国内外资源型城市转型案例，地方政府在城市转型发展中应着手以下战略选择：

首先，确立城市定位，再造区域竞争优势。区域竞争优势是指其区域内的企业或行业在一定领域创造和保持竞争优势的能力。资源型城市崛起是依托其资源禀赋的比较优势，以及在此基础上形成的资源型产业及下游产业的竞争优势。伴随着资源储量的减少和开采难度的增加，作为主导产业的资源型产业逐渐失去竞争优势。而要实现产业转型，发展替代产业，意味着区域竞争优势的再造。资源型城市虽然具有资源和廉价的劳动力等比较优势，但资源会逐渐枯竭，人员素质技能单一，使比较优势的重要性不断下降，单靠廉价的天然生产要素难以获得持久的竞争优势，缺乏竞争优势，替代产业就难以持续发展，因此，资源型城市产业转型的关键是确立城市定位，再造区域竞争优势。

其次，确立产业转型模式，逐步降低对资源的依赖，实现产业升级和产业替代。产业转型模式的选择是一个艰难复杂的过程，需要综合考虑原资源开发阶段、开发规模、产业自身链条长短以及城市区位特征等多种因素。如果资源处在衰退期，则此时资源储备已经不足，产量锐减，开采成本大幅增加，发展下游产业缺乏原料来源和竞争优势，此时地方政府就不宜选择产业延伸模式。资源规模也会限制产业选择模式，资源加工业一般都有经济规模的要求，例如炼油装置的经济规模为 5×10^6t/a，这就为较小的油田发展石油炼化工业设置了天然的障碍，只有较大的矿区才能为下游产业提供充足的原料来源，适宜采取产业延伸模式。良好的区域优势也有利于城市规模的扩大和多元化产业结构的形成，研究也显示，产业结构和城市规模存在明显的相关性。因此，具备较好区域因素的资源型城市适宜选择产业更新模式或复合发展模式。

最后，培育平等竞争的市场环境，建立廉洁高效的投资环境，积极引进外来资金以推动城市转型。资源型城市必须积极创造平等竞争的市场环境，大力发展非公有制经济，形成一批有市场竞争力的民营企业，以带动城市经济转型。如抚顺市“以存量吸增量，以增量促存量”的产业战略选择，通过推进国企改革，加快发展民营经济，做强做大存量资产，使全市经济结构调整取得明显成效。抚顺新钢铁公司、抚顺挖掘机制造有限公司等一批改制企业焕发了新的生机，并已经成为全市经济新的增长点。

总之，资源型城市的情况千差万别，转型发展应坚持因地制宜、扬长避短的原则，选择有利于形成竞争优势的转型模式与发展路径，以实现地区经济的可持续发展。

（3）资源型城市转型，要以城市生态环境建设为基础。长年的资源型经济结构，高强度的矿山采选、冶炼加工等，导致污染物排放超出环境容量，造成大气、水、土壤污染物指标超出环境功能要求；而资源消耗对生态环境的破坏又超出生态系统的恢复能力，造成的水土流失、植被破坏等又直接导致了区域生态环境质量下降。高度资源依赖型经济付出了沉重的环境、资源代价，引发了突出的环境污染、生态破坏问题。经济增长引发的环境问题已严重制约到经济发展的可持续性。

落实科学发展观，实现经济社会的可持续发展，以城市生态环境建设为基础，促进产业结构调整，推进经济转型，实现经济增长与环境建设的相互促进、互利共赢。

第三篇

山西省晋城市城市转型与城市生态环境建设的实践与探索

第五章　晋城市城市转型与生态环境建设的现状

第一节　晋城市概况

一、自然地理

晋城市位于山西省东南部，东枕太行，南临中原，西望黄河，北通幽燕，交通便捷，是山西通往中原的重要门户。地理坐标为东经111°55′～113°37′，北纬35°11′～36°04′。属暖温带半湿润大陆性季风气候，年平均气温5～10℃，年平均降水量550～570mm，四季分明，冬长夏短，雨热同季，温暖适中。年平均无霜期为180天。市域东西宽160km，南北长100km，总面积9490km^2。市域四周多山，与周边市、县多以山为界，四周分界自元至元三十一年（1294年）确定泽州领5县建制以来变迁不大。东与河南省辉县、修武县接壤；南与河南省博爱、沁阳、济源交界；西与临汾市的安泽、浮山、翼城和运城市的绛县、垣曲毗邻；北与长治市的长子、长治、壶关相连。晋城市与周边各大中城市的距离分别为：距离省城太原公路里程298km，铁路里程374km；距离首都北京公路里程700km，铁路731km；距离河南省郑州市110km，焦作市41km，洛阳市163km。太焦、侯月铁路纵贯本境，晋焦高速、长晋高速、晋阳高速、207国道、省道与县道、乡道交织成网，陆路交通四通八达，十分便利。

晋城市现辖1区1市4县，即：城区、高平市、泽州县、阳城县、陵川县、沁水县。辖乡镇级行政区划为：办事处10个，建制镇48个，乡26个。2010年全市总人口222.33万人，其中非农业人口为127.99万人。晋城市区位于市域南部偏东，2010年建成区（一城三区范围）总面积达42.43km^2，总人口39.32万人。晋城市是多民族共处的城市。全市人口中有22个民族：汉、回、蒙古、藏、苗、彝、壮、布依、羌、朝鲜、满、白、哈尼、傣、纳西、锡伯、撒拉、土、土家、维吾尔、哈萨克、畲等。其中汉族人口最多，少数民族中回族人数最多，主要分布在城区。

2010年晋城市财政总收入153.2亿元，比上年增长12.6%。全年城镇居民人均可支配收入为17353元，比上年增长14.5%；城镇居民人均消费性支出10586元，增长11.8%。农村居民人均纯收入5899元，增长12.2%；农村居民人均生活消费支出3853元，增长5.5%。城镇居民家庭恩格尔系数（即居民家庭食品消费支出占家庭消费支出的比重）27.5%，农村居民家庭恩格尔系数38.8%。城镇单位在岗职工平均工资40029元，增长17.0%。

晋城市地貌以山地丘陵为主。山地和丘陵面积占总面积的87.1%，其中山地占58.6%，丘陵占28.5%。东部、西部和南部，群山连绵，崇山峻岭，北部和中部丘陵起伏，盆地相间。盆地及山间宽谷占总面积的12.9%。全市平面轮廓略呈卵形。内地起伏较大，最高是舜王坪，海拔2322m；最低是沁河、丹河下游河谷，海拔接近300m；相对高差为2000m。境内大部分地区海拔800m。东部及东南部为太行山脉，西南是王屋山（中条山东北端），西北部是太岳山的南延部分。这些山地在地貌上以中山为主，部分为高山；中部沁河、丹河流域多属中低山、低山丘陵、盆地和谷地。整个地区的地势呈东西北高，中部、南部低的簸箕状。

二、自然资源

晋城市物华天宝，资源丰富，素有“煤铁之乡”、“丝绸之邦”

之称。已探明的矿产资源有20多种。特别是煤、铁的储量十分可观，煤炭资源以无烟煤为主，储量约占全国无烟煤储量的1/4以上，占山西省的1/2以上。全市含煤面积5350km^2，占全市国土总面积的56.4%，总储量8.08×10^{10}t，其中已探明储量2.71×10^{10}t。晋城市煤炭具有硫含量小、发热量高、可选性好的特点。所产块炭晶莹光亮，燃烧无烟无味，素有“白煤、香煤、兰花炭”之称，销往全国20个省、市、自治区、直辖市，并出口英国、日本、韩国、东南亚、西欧等国家和地区。2001年在沁水县南部发现并探明了一个大型煤层气田——沁水煤层气田，煤层气目前探明储量为$1\times10^{11}m^3$。铁矿石不但储量多，品位高，而且埋藏浅，易开采。晋城市也是目前华北最大的蚕桑丝绸基地，桑蚕丝绸业有着悠久的历史，是我国北方著名的蚕桑丝绸之乡，丝产量占山西省的80%。境内矿产资源丰富，尤以煤、铁储量巨大而著称于世。此外还有硫黄、银、铜、铝、锰、石英、石膏、水晶、瓷土、大理石、花岗石、石灰石等。还有更可贵的稀有金属铀矿。据勘测，全市地下煤田超过1000km^2，有的煤层厚度多达7m。总储量约为7.5×10^9t。国家在此设有晋城矿务局负责组织开采。除少数乡村外，全市绝大多数乡镇都开办煤矿。晋城煤炭具有质地硬、火力旺、耐燃烧、无异味，近不沾衣、抹不染手等特点，有“白煤”、“香煤”的美称，可直接用来炼钢。英国女王曾点名要中国晋城煤烧壁炉。晋城炼铁，已有两千年历史，远在战国，晋城已经设有“乌政观”，掌炼铁事宜。北宋初年，曾在这里大造兵器。铁矿的储量约在5×10^8t左右，关山、朝阳、峰头等地，几乎遍山铁矿。早在20世纪60年代驰名全国的晋城“五小工业”就在煤铁工业生产的带动下发展起来，目前，晋城市主要工业行业有煤炭、冶金、建材、化工、机械、电力、纺织、缝纫、皮革、食品、文化用品等。

地下宝藏蕴藉，地上资源同样丰富多彩。全市有森林面积540.44万亩，森林覆盖率达到38%。沁水县历山舜王坪一带至今保留着全省仅存的一块面积超过730hm^2的原始森林。天然牧坡草地$25.47\times10^4hm^2$，是山西的畜牧业基地之一。中国北方最大的示范牧场就建在沁水县境内。晋城市气候温和，雨量充沛，特别适宜许多珍贵动植物的生长，素有“山西生物资源宝库”之美称。现有阳城县蟒河和沁水县历山两个国家级自然保护区。

晋城市共有耕地306.7万亩，农作物主要有谷子、玉米、小麦、高粱、豆类、薯类等。经济作物主要有棉花、油料、桑蚕、麻皮、药材、烟叶等。

晋城市是华北地区相对的富水区，水资源总量为$2.149\times10^9m^3$。人均水资源占有量为$872m^3$，高于全省和周围各省区平均水平。第一大河流沁河，全长485km，发源于沁源县境内，汇入黄河。第二大河流丹河，全长121.5km，发源于高平市境内，注入沁河。

晋城市山川秀丽，古迹甚多，以古建筑为主体的人文旅游资源和以太行风光为代表的自然旅游资源县有很高的游览价值。目前，全布古建筑有2500多处，已列入国家、省、县三级保护的文物115处。相当数量的古建筑具有保存较完整、群体结构好，附属文物多，地理环境美等特点。如晋城的青莲寺、玉皇庙、崇行寺，高平的开化寺、仙翁庙、游仙寺，陵川的真泽宫、昭庆院、崇安寺，阳城的海会寺、寿圣寺等。境内山地较多、泉洞奇特。较为著名的有沁水的历山、阳城的莽山、高平的羊头山、陵川的佛子山等。其他诸如沁水的白云洞、南泽仙洞，阳城的灵泉洞、延河泉、蟒河泉，陵川的黄崖洞，晋城的白石先生洞等，景色各异、形象生动、美不胜收。截至2010年底，全市共有成规模的旅游景区（点）49处，其中有皇城相府1个国家级5A级景区，王莽岭、珏山青莲寺、蟒河和柳氏民居4个国家级4A级景区，7个2A级景区，7个国家级工农业旅游示范点。战国时秦赵长平之战、南宋时抗金义军红巾军之组建及其所进行的抗金武装斗争均发生在市境。五代晋将武汉球，宋初著名地方官宋太初、天文历算学家刘羲叟、著名说唱艺人孔三传，金节度使郭俣，金末元初著名学者李俊民及著名地方官段直，元将段绍隆，明初著名忠直大臣茹太素、户部侍郎张养蒙、南京御史王允成、文选郎中张光前，清官至总兵的武状元张大经，民国年间三晋文坛翘楚郭象升，辛亥革命后任阎锡山驻北平代表及抗日战争爆发后倾家产组建晋城抗日义勇队的马骏均为晋城人。

三、历史沿革

晋城古称泽州，是华夏文化的发祥地之一。远在旧石器时代晚期，在这里就留下了人类文明的足迹。相传女娲氏、神农氏及尧、舜、禹等都曾在这里活动过。晋城政区的设置最早可追溯至公元583年，即隋开皇三年在这里设置州府，始称“泽州”。贞观元年，建泽州于晋城。建国后，现晋城所辖（晋城、高平、陵川、阳城、沁水）五县曾归长治专署、晋东南地区管辖。1983年7月，改晋城县为县级晋城市。1985年5月，经国务院批准，撤销晋东南地区，成立省辖地级晋城市，实行市管县新体制，以原晋城市，高平、阳城、沁水、陵川4县为所属行政区。并将原晋城分为城区和郊区。管辖范围与古泽州辖区一致。1993年撤销高平县，设立高平市。今晋城市辖1市、5县，共123个乡镇（包括8个街道办事处），2415个行政村，8426个自然村。

四、晋城发展之“晋城模式”

（一）“晋城发展模式”的形成和发展

1985年建市以来，晋城经济发展大致经历了三个阶段：

一是粗放式经济快速形成和扩张时期。这一阶段从1985年实行市管县开始到1995年前后中国经济软着陆为止，纵跨了“七五”、“八五”两个时期。十年间，晋城抓住了改革开放初期的短缺经济和“南巡”讲话后的飞跃发展两次历史机遇，凭借丰富的煤铁资源和灵活的体制机制，“村村点火，户户冒烟”，小高炉、小煤矿、小水泥、小五金等“五小”工业百花齐放，活力迸发。全市经济特别是工业生产呈现低门槛、低产出、低效益，高投入、高能耗、高污染的典型特征。与1985年相比，1995年全市第一产业产值占GDP的比重从20.8%下降为13.2%，第二产业与第一产业从业人员之比从0.62提高到0.92，工业化程度从0.81提高到0.96，晋城进入工业化初级阶段。

二是产业结构收缩和集中时期。从1996年到2000年，整个

"九五"时期，由于亚洲金融危机影响和国企改制等原因，以晋钢、太印、晋城电厂和气门厂为代表的非煤企业纷纷破产倒闭，1985 年以来轻工业基本呈逐年下降趋势，2000 年以来更是以年均 18.23% 的速度迅速下降；1995 年晋城制造业产值占国内生产总值的比重达到 47%，2000 年下降到 14.9%，2007 年仅占 10.07%；全市轻重工业比重从 1985 年的 14.3:85.7 递减到 2000 年的 10.96:89.04，2007 年则进一步减少到 2.8:97.2；煤炭、冶铸、电力、建材四大产业产值占 GDP 的比重逐年提升，成为支撑全市经济大厦的"四梁"，晋城形成了典型的资源型经济。

三是市域产业结构单一化、主导产业生产方式现代化时期。2001 年，随着煤炭价格的暴涨，煤炭产业得到迅猛发展，全市原煤产量由 1985 年的 2.248×10^7t、2000 年的 3.807×10^7t，增加到 2009 年的 8.532×10^7t；随着煤炭资源整合和煤矿兼并重组的推进，全市煤矿由 1600 座整合为 129 座，涌现了一批年产千万吨和 5×10^6t 以上的现代化矿井，采煤机械化率和员工效率显著提升，单井产量由几万吨提高到 9×10^5t。全市工业企业数由 1985 年的 706 家减少为 2009 年的 322 家，大中型企业由 12 家增加到 118 家，全市产业的集中度快速提高，生产方式现代化渐趋凸显。同时，这一时期，煤炭产业的"挤出"效应也日益突出，到 2009 年全市 70% 以上的工业增加值和 65% 以上的财政收入来自煤炭开采和煤炭洗选业；而第三产业占 GDP 的比重从 1985 年的 17.1% 持续走高，发展到 2000 年的 40.5% 后出现拐点，从 2001 年起一路下滑后略有回升，到 2009 年恢复到了 32.5% 的水平，全市经济形成了"一煤独大"的产业格局，经济社会发展对煤炭的依存度得到强化，晋城经济在价值链和产业链上的低端化倾向更加明显。

（二）"晋城发展模式"的特点

回顾晋城经济发展 25 年的历程，可以发现晋城是典型的资源型经济，但与全省其他地市相比，其空间上的地域性和时间上的阶段性特征也非常明显。

一是从历史方位看，刚刚步入工业化中期。2009 年晋城市工业增加值占 GDP 的比重为 60.6%，第一产业占 GDP 的比重由 1985 年的 20.8% 降为 2009 年的 4.1%，工业化程度保持在 0.90 以上，高出全国平均水平近 6 个百分点；但第一产业从业人口仍占 35.4%，城镇化率为 47%，与世界上人均 GDP3200 美元左右的国家和地区相比，落后了 15 个百分点。

二是从市场分工看，处于产业链和价值链的低端。2009 年晋城市原煤、水泥、电力、冶铸等初级产品和上游产品占了全市 GDP 比重的绝大份额，煤炭、电力外销比重常年居高，轻重工业利税比由 1985 年的 14.35% 降为 0.35%；LED、精密铸造等高新技术产品虽然初露端倪，但尚未形成支柱产业。产品初级化仍是晋城经济特别是工业经济的主要特征，晋城在全国的市场分工中的能源、原材料提供者地位仍然十分突出。

三是从发展方式看，是外延式和粗放型增长。全市经济发展靠要素密集式投入和产能扩张实现，生产方式呈现高投入、高能耗、高排放、掠夺式特征，生态环境恶化。2008 年全市万元工业增加值能耗为 4.08t 标准煤，煤炭开采业、冶炼、化肥、电力等六大行业，工业能耗占规模工业能源消费总量的 97.02%，其中化肥和电力两个行业的综合能源消费量占全市规模工业综合能源消费量的 74.93%。

四是从所有制形态看，民营经济处于上升区间。晋城经济的腾飞得益于民营企业的迅猛发展，被称为“农民托起的城市”。到 2009 年，全市民营企业已发展到 4.97 万家，占全市企业总数的 99% 以上；全市民营经济总量占 GDP 的 62.74%，上交税金占财政收入的 41%；从业人员占全部企业从业人数的 80%。但规模以上企业和高新技术企业所占比例极小，民营经济“醒得早、起得迟、走得慢”，“花少、花小、花期短”，“放不开手脚、迈不开步子、拓不开视野”，融资能力差、核心技术少、带动能力弱、企业效益低、产品低端化成为晋城市民营企业进一步发展的主要瓶颈。

五是从市场发育看，计划经济、小农经济痕迹明显。晋城市经济发展由政府主导、政策推动、政绩引领的特征明显，农业产业化、农民组织化、农村现代化程度不高，政府管理手段强化、服务意识淡漠问题突出。全市发展呈现“粗放式增长和集约式增长并存、以粗放式为主，劳动力密集型和资本密集型并存、以劳动密集型为主，工业化和信息化并存、以工业化为主，传统产业和现代产业并存、以传统产业为主，产品低端化和中高端化并存、以低端化为主”的资源型经济形态。

第二节 晋城市资源环境承载力

一、晋城市水资源承载力

（一）水资源情况

晋城市多年平均水资源总量为 $13.17\times10^8m^3$（不含过境水量 $3.92\times10^8m^3$），其中，地表水资源量为 $11.31\times10^8m^3$（不含过境水量），地下水资源量为 $8.93\times10^8m^3$，重复水量为 $7.07\times10^8m^3$。

晋城市本地多年平均水资源可利用总量为 $7.13\times10^8m^3$，其中地表水资源为 $6.15\times10^8m^3$，地下水资源为 $3.94\times10^8m^3$，重复量为 $2.96\times10^8m^3$；按流域分，沁河流域水资源可利用量为 $4.61\times10^8m^3$，丹河流域为 $2.09\times10^8m^3$，卫河流域为 $0.24\times10^8m^3$，其他小河区为 $0.19\times10^8m^3$。加上过境水可利用量（指张峰水库供水）$1.07\times10^8m^3$，全市多年平均水资源可利用总量为 $8.20\times10^8m^3$。全市人均水资源量为 $572m^3$，仅为全国人均水资源占有量的 28%，低于世界公认标准的重度缺水界限（$1000m^3$/人），属于资源型缺水区域。但在华北地区，特别是与其他煤炭主产地相比，属相对富水区。

（二）分布特点

晋城市水资源的特点是河川径流年内分布不均、丰枯悬殊，60%以上的径流量集中在汛期，水资源地域分布极不均匀。总体概况是“富在沁河，贫在丹河，富在山区，贫在盆地，富在下游，贫在上游”。

沁河在润城段以下河道泉水出流量增加，占沁河年径流量的 60%以上；丹河上游除丹河源头还有约 $0.1m^3/s$ 的清水流量外，从高平市掘山以下到泽州县水东龙门河段河道基本干枯（雨季除外），河道下游（郭壁以下）地下水以泉水形式流出，常年流水不断；卫河各支流则均处于陵川县山大沟深、人口较少的东南部石灰岩地区，其水资源量占到陵川县水资源总量的80%。沁河、丹河及卫河支流大量的地表水均集中在河道下游，开发利用难度较大。

另外，晋城市水资源分布与工农业生产的布局也极不协调，工农业产值占全市25%的沁河流域拥有全市53.1%的水资源量，人均808m^3；而工农业产值占全市66%的丹河流域水资源量只占全市的26.6%，人均仅298m^3，属资源型严重缺水区。

（三）开发利用现状

据统计，晋城市2010年全市总取水量为$5.2\times10^8m^3$，其中城乡居民生活取水量为$0.56\times10^8m^3$，占10.77%；工业取水量为$2.50\times10^8m^3$，占48.01%；农业灌溉取水量为$2.1\times10^8m^3$，占40.38%；生态环境取水量为$0.04\times10^8m^3$，占0.77%。在2010年，晋城市各类水源的供水量为$5.69\times10^8m^3/a$（其中，沁河流域供水量为$2.34\times10^8m^3/a$；丹河流域在考虑张峰水库调水至高平、泽州后，供水量为$3.25\times10^8m^3/a$；卫河流域为$0.1\times10^8m^3/a$），充分满足2010年$5.20\times10^8m^3$的取水要求。

与2009年相比，在2010年，全市增加供水量$1.76\times10^8m^3/a$，其中沁河流域$1.46\times10^8m^3/a$，包括延河泉提水工程（在现状供水基础上再增加）$0.34\times10^8m^3/a$、下河泉供水工程$0.23\times10^8m^3/a$、湾则水库$0.06\times10^8m^3/a$、固县河截潜流工程$0.1\times10^8m^3/a$、张峰水库供高平市$0.25\times10^8m^3/a$、张峰水库供城区和泽州县$0.48\times10^8m^3/a$；丹河流域$0.25\times10^8m^3/a$，包括东焦河水库供水工程$0.05\times10^8m^3/a$、任庄水库供水工程$0.05\times10^8m^3/a$；郭壁供水工程（在现状供水基础上再增加）$0.15\times10^8m^3/a$；卫河流域$0.05\times10^8m^3/a$，主要是磨河提水工程（在现状供水基础上再增加）$0.05\times10^8m^3/a$。

（四）晋城市经济社会发展用水预测

根据晋城市经济社会发展规划确定的社会发展指标和建设项目，预测到2015年晋城市总需水量为$6.64\times10^8m^3$，其中城乡居民生活

需水为 $0.65 \times 10^8 m^3$，工业需水量为 $3.63 \times 10^8 m^3$，农业灌溉需水量为 $2.30 \times 10^8 m^3$，生态环境需水量为 $0.06 \times 10^8 m^3$；到 2020 晋城市总需水量为 $7.70 \times 10^8 m^3$，其中城乡居民生活需水为 $0.90 \times 10^8 m^3$，工业需水量为 $4.15 \times 10^8 m^3$，农业灌溉需水量为 $2.55 \times 10^8 m^3$，生态环境需水量为 $0.10 \times 10^8 m^3$。

（五）新水源开发及可增加供水量

根据晋城市"兴水战略"确定的"四供八库"等新水源工程及已建成水源工程目前尚未被利用的水量，在现状供水量的基础上，到 2015 年，全市可增加供水量 $1.13 \times 10^8 m^3/a$，其中沁河流域 $0.87 \times 10^8 m^3/a$，包括张峰水库供阳城县农业用水 $0.34 \times 10^8 m^3/a$、下河泉提水工程（含阳城县五龙沟及望川两个水源地）$0.21 \times 10^8 m^3/a$、杜河水库供水工程（含张峰水库补充河道后增加量）$0.25 \times 10^8 m^3/a$、西冶水库供水工程 $0.05 \times 10^8 m^3/a$、长河干流诸水库加固改造后增加供水量 $0.02 \times 10^8 m^3/a$；丹河流域 $0.20 \times 10^8 m^3/a$，包括围滩水库供水工程 $0.2 \times 10^8 m^3/a$；卫河流域 $0.06 \times 10^8 m^3/a$，包括秦家磨水电站水库供水（磨河提水工程的延伸）$0.06 \times 10^8 m^3/a$。到 2020 年，全市可增加供水量 $0.54 \times 10^8 m^3/a$，其中沁河流域 $0.20 \times 10^8 m^3/a$，包括磨滩水库水电站水库 $0.1 \times 10^8 m^3/a$、曹河水库水电站水库 $0.1 \times 10^8 m^3/a$；丹河流域 $0.34 \times 10^8 m^3/a$，包括丹河下游供调水工程 $0.34 \times 10^8 m^3/a$。

以上可开发利用的水仅指地表水及泉水水资源。由于目前晋城市地下水井采量已近 $1.7 \times 10^8 m^3/a$，且区域地下水已处于超采状态，因此，为了保护清洁的地下水资源，井采地下水的再开发原则上仅限于生活用水的增加量。

另外，晋城市污水处理厂、巴公污水处理厂、晋煤集团生活污水处理厂已建成，高平市和阳城县污水处理厂正在施工建设，上述 5 个污水处理厂的处理污水能力约为 $1.7 \times 10^5 m^3/d$，在 2010 年再生水及矿坑水增加了 $0.3 \times 10^8 m^3/a$。若考虑其他规划污水处理厂（主要指工业园区）建设及煤矿废水利用，经分析估算，在扣除处理及供水损失后，到 2015 年、2020 年，再生水及矿坑水将分别增加 0.3 ×

$10^8m^3/a$、$0.2\times10^8m^3/a$ 的可供水量。

（六）不同水平年可供水量及供需平衡

根据新水源可增加供水量估算及年供水量现状情况，到 2015 年，全市各类水源的供水量将达到 $7.12\times10^8m^3/a$（沁河流域可供水量为 $3.31\times10^8m^3/a$，丹河流域为 $3.63\times10^8m^3/a$，卫河流域为 $0.18\times10^8m^3/a$），可以满足 2015 年 $6.64\times10^8m^3$ 的需水预测要求；到 2020 年，全市各类水源的供水量将达到 $7.86\times10^8m^3/a$（沁河流域可利用的水量为 $3.56\times10^8m^3/a$，丹河流域为 $4.12\times10^8m^3/a$，卫河流域为 $0.18\times10^8m^3/a$），可以满足 2020 年 $7.70\times10^8m^3$ 的需水预测要求。

二、晋城市土地资源承载力

（一）土地资源

晋城市土地总面积为 $9490km^2$，占全省总面积的 6.07%，折合 1423.50 万亩，人均拥有土地面积 6.62 亩（低于全省 7.32 亩的平均水平）。其中平川 $1221.6km^2$，丘陵 $2704km^2$，山地 $5564.4km^2$，分别占全市总面积的 12.9%、28.5%、58.6%。在总面积中，各类土地资源利用现状见表 5－1。

表 5－1　晋城市土地资源利用现状

土地类型	面积/万亩	比例/%
耕　地	306.7	21.55
林　地	540.44	37.97
草　地	65.57	4.6
园　地	24.84	1.75
水　域	18.45	1.3
未利用地	325.72	22.16
居民用地及工矿用地	63.17	4.44
交通用地	15.36	1.78
其　他	63.25	4.45

其中，林地和草地主要分布在晋城市外围山地丘陵区。园地主要分布在中部丘陵沟坝地区。水域主要分布在沁水、陵川、高平、阳城和郊区的外围山地。2010 年晋城市人口密度为 279 人/km^2，人均耕地 1.3 亩，低于全省和全国平均水平。从 2006 年开始，随着全市经济高速发展，晋城市用地需求猛增到 3 万亩，但是全市每年的用地指标仅有 3700 亩，两者差距甚大。

（二）土地资源特点

土地资源类型多样，有利于农业的全面发展，但目前用地结构不合理。宜林、宜牧用地比例高，但没有得到合理利用。

耕地资源不足，减少速度快，人地矛盾突出。根据 2010 年农业部门土地详查资料，耕地占土地总面积的 21.55%，全市人均耕地面积 1.30 亩，低于全省 1.69 亩的平均水平。耕地减少数量多，速度快，浪费严重。

水土流失、土地塌陷和污染严重，对农业生产和生态环境造成危害。

土地开发利用后备资源不足。未利用土地比例虽然较高，但开发潜力不大。

（三）土地利用

为满足城市不断发展的需要，保障全市经济平衡较快发展，晋城市国土资源局全面加强土地供应和管理，建立城乡统一的建设用地市场，提高土地利用率，节约集约用地，具体措施有：

（1）核查土地供应情况，切实提高土地供应率。加强土地批后监管力度，解决全市存在的“批而不征、征而不供、供而不用”问题。彻底查清“征而未供、供而不用”情况及原因，查清建设工期超期和竣工验收情况，并认真及时处理。

（2）采取有效措施，落实最严格的节约用地制度。继续开展闲置土地处置工作。扩大土地清理范围，将历史遗留形成的国有闲置土地和闲置的集体建设用地都列入清查范围。积极盘活存量低效利用土地，盘活因产业结构调整引起的企业关闭、停产而导致的闲置土地。积极进行城中村改造与旧村整理。进一步抓好居民点用地调查。

（3）严格用地指标管理。各项建设不得突破土地利用总体规划和土地利用年度计划确定的用地规模和标准，严把用地标准关，坚决核减超标准用地。

（4）提高建设用地利用效率。鼓励各类建设项目开发利用地上、地下空间，提高土地容积率和建设强度。

（5）扩大土地有偿使用范围。对经营性基础设施用地、经营性的公益事业用地等实行有偿使用，认真把握政策规定，地价可实行基准地价的最低价制度。

（6）加强土地市场的动态监测与监管。加强土地宏观调控，全面运行土地市场动态监测与监管系统，确保供地计划、出让公告、成交公示和供地结果等信息上传准确及时。对土地供应总量、结构、方式、时序、价格及开发利用等情况进行分析，及时提出应对市场变化的调控政策建议。

（7）建立城乡统一的建设用地市场。加强土地有形市场建设。严格规范农村土地管理，对依法取得的农村集体经营性建设用地，必须通过统一有形的土地市场，与国有土地使用权在同一个平台、同样的体制、统一的政策情况下开展建设用地供应工作，以公开规范的方式转让土地使用权。继续完成检查整改工作，切实落实保障性用地。

通过以上举措，仅2009年，晋城市开发造地10万余亩，新增耕地6万余亩，挖潜使用存量建设用地1368亩，新增建设用地中耕地的比例为59%，使用未利用地达1/3。充分满足当年用地需求。

三、晋城市矿产资源承载力

（一）成矿地质条件和矿产资源现状

晋城市位于华北地区南部，下元古界至新生界等沉积盖层地层层序发育较完整，总厚达2000m以上。随着地史的进程，在不同的时空里经受不同的构造作用、岩浆作用和变质作用，构成了晋城市良好的外生矿产和内生矿产成矿地质条件，特别是古生代外生矿床成矿地质条件特别有利，下古生界蕴藏着丰富的白云岩和石灰岩矿，上古生界蕴藏着丰富的煤、铁矿、硫铁矿、铝土矿和黏土矿等矿产。由于良好的成矿地质条件，决定了晋城矿产带状分布的规律性十分明显，不同的沉积矿产赋存于相应的地层里，形成了地层由新至老向南东凸的弧形成矿带。截至2010年底，全市查明和发现的矿产23种，占全省已发现矿种的19.5%。其中具有探明储量或预测储量的矿产12种，占全省有探明储量矿产的19.3%。

煤炭资源是晋城市最主要的矿产资源，六个县（市、区）均有分布。2010年晋城市含煤面积5350km^2，总储量8.08×10^{10}t，其中已探明储量2.71×10^{10}t。

煤层气资源丰富，主要分布在沁河两岸高瓦斯含量区，预测煤层气资源量为$6.85\times10^{12}m^3$。其中沁水潘庄区3号和15号煤叠合含气面积164.2km^2，探明地质储量$4.0219\times10^{10}m^3$，可采储量$2.346\times10^{10}m^3$，气田煤层分布稳定，储量丰富，含气高，产出稳定。

晋城市非煤类矿产资源主要包括铁矿、硫铁矿、石灰岩、耐火黏土、白云岩、铝土矿、花岗岩、大理石、硅石、重晶石等。其中，铁矿资源（主要是山西式铁矿和含锰铁矿）预测远景资源储量1.45×10^8t，其中，探明储量9.86229×10^7t（山西式铁矿6.24578×10^7t、锰铁矿3.61651×10^8t）；硫铁矿预测资源量2.23×10^8t，探明储量4.0846×10^7t；铝土矿预测储量3.180×10^7t，探明资源量（包括评价、调查资源量）共2.486×10^7t；石灰岩预测储量1.217×10^{11}t，其中水泥灰岩资源量（包括评价）37.05×10^8t，电石灰岩资源量1.22×10^8t；白云岩探明储量6.67×10^8t；黏土矿探明（包括评价）资源量为：耐火黏土7.774×10^6t，高岭石1.0208×10^7t，陶瓷黏土3.6343×10^6t，水泥用黏土1.6491×10^7t。此外，硅石预测储量4.19×10^8t；花岗岩预测储量2.16×10^{63}；铁矾土预测储量1.141×10^7t；大理石预测储量$4.5\times10^5m^3$，重晶石6.5×10^4t。另已发现铜、铅、锌、银、金等有色金属和贵金属矿化点多处。

为适应大规模经济建设的需要，开展了煤田及其他矿产的地质调查和勘探工作，并完成了全区1/20万和部分1/5万区域地质调查工作。煤的勘查程度较高，全区主采煤层埋深小于600m的地段基本上完成了普查工作，其他矿种勘查程度较低。截至2010年底，全市共发现有探明储量的矿产地98处，其中达精查程度的矿产地32处，详查矿产地17处，普查矿产地49处。达到精查程度的矿产地以煤为主，达详查的矿产地主要矿种为煤、铁。对一些有潜在开发前景的矿产，如优质白云岩、高岭石、电石灰岩、水泥灰岩，近年来开展了少量地质勘查工作，但总体勘查程度均较低。

（二）分布特点

归纳起来，晋城市矿产资源具有如下特点：

（1）区内矿产资源以沉积矿产为主。全区各县（市、区）均有分布，其中尤以煤炭资源最为丰富，在省内占据重要地位。大多数矿产集中产于石炭二迭系煤系地层不整合面附近，多呈弧形分布于沁水盆地南部边缘地带。

（2）贫矿多，富矿少。铁矿、硫铁矿、铝土矿、黏土矿一般规模较小，单个矿体形态多呈凸镜状、窝子状、囊状，少数呈似层状。品位低，如山西式铁矿Fe品位一般为35%左右，硫铁矿SO_2含量为8%~35%。

（3）共伴生矿产多，其中15号煤、黏土、硫铁矿、铝土矿、山西式铁矿密切共生，伴生的有益元素有稀有、稀土元素。

（4）地质构造简单，开采条件好。特别是区内煤炭资源煤层稳定，构造简单，产状平缓，易于开采。

（三）矿产资源市场供需形势

在全部自然资源中，矿产资源对于工业化社会的影响大大超过其他资源。矿产资源是国民经济建设的重要物质基础，当前我国约80%的工业原材料和95%的一次能源都来自矿产资源。

晋城市是一个以生产煤、铁矿、硫铁矿等矿产原料及延伸加工产品为主的资源开发型经济结构城市，主要矿产及矿产品有无烟煤、焦炭、型煤、炭素、滤料、生铁、钢材、铸铁制品、铁合金、化肥、硫黄、硫酸、二硫化碳、硫氰酸铵、水泥、水泥制品、电石、金属镁、氧化镁、氢钙、氢镁、耐火材料、花岗岩、大理石、陶瓷、砖瓦、建筑饰面石材、矿物涂料等。随着晋城矿业结构和矿产品结构的调整，要主攻矿产的深加工，增加新品种，拓宽新领域，除煤炭产量要调控总量之外，煤的深加工产品产量、其他矿产产量及深加工产品产量都将有明显的提高，晋城矿产资源的供需形势将会更好。

煤炭是晋城市的主要矿产品，无烟煤质量优，储量丰富，素有“兰花炭”之称，驰名中外，有良好的信誉和较强的竞争力。晋城市无烟煤用途广泛，是多种工业的原材料，既是民用、工业锅炉的优质燃料，又是化肥生产等化工产品的主要原料。晋城市无烟煤不仅在国内畅销，也是晋城市最主要的出口创汇产品。未来晋城市煤炭控制产量将小于市场需求，再加上出口煤炭、阳城电厂用煤的需求，晋城市煤炭控制产量满足市场需求是相当紧张的。

铁矿资源开发矿产及矿产品的延伸产品是晋城市工业经济的一个重要支柱产业。随着钢铁工业的发展，铁矿石的需求量在逐年增长，矿石短缺部分主要要从外地购买精矿粉，而地方采矿企业开采的铁矿石经选矿后作为炼铁企业矿源的补充，市场供需形势是乐观的。

随着晋城市调产的形势发展，水泥工业、电石工业、镁化工系列产品工业、耐火材料、陶瓷工业、冶炼工业的发展速度将会有大幅度的增长，基础设施建设要明显加强，石灰岩、白云岩、黏土矿产的需求量将有迅猛的增长，供需形势将会越来越好。

此外，铝土矿产量除当地深加工产品消耗一部分外，大部分销至河南。硅石、重晶石、花岗岩等矿产仅有少量开发，利用程度较低，大部分销售原矿，随着晋城市产业结构的调整，上述矿产的开发会有所加强，市场供需形势将会向好的方向发展。

四、晋城市环境承载力

晋城市是山西省煤化工基地的重要组成部分，也是全省空气污染严重的城市之一。由于历史的原因，晋城的产业结构是以采煤、化工、建材、电力、冶炼与粗加工为主体的重型结构，给环境带来了巨大的压力。特别是20世纪90年代，城市周边“小高炉”、“一脚蹬”林立，使城市主要污染物总悬浮颗粒物年平均浓度超过标准值的10倍以上，加上企业环境意识淡薄，污染物排放，影响了全市的整体环境质量。与此同时，随着城市的进一步扩张，晋钢、春光电厂、恒光电厂、市水泥厂、振兴水泥厂、古书院煤矿、晋城二化等企业已进入市区。机动车尾气及运输扬尘污染，散煤污染，建筑施工扬尘污染，饮食、洗浴业油烟污染，环境基础设施薄弱等因素造成了大气环境的不断恶化。据监测，2001年、2002年市区空气质量二级以上天数分别只有28天、59天，首要污染物总悬浮颗粒物浓度连续两年在全省11个地市排名倒数第二。同时，由于多年来丹河流域沿岸的污染企业无序排放污水，导致河水严重超标，严重影响了沿岸人们的生产和生活环境。

工业污染源是晋城市水污染的最主要方面。2005年晋城市废水排放总量为5.933×10^7t，其中工业废水排放量为2.893×10^7t，生活污水排放量为3.040×10^7t。全市COD排放总量为18623t，其中工业污染源COD排放量为6115t，城市生活源COD排放量为12508t。这些废水大部分未经处理直接排入河道，直接造成地表水污染，在河道渗透地段造成地下水污染。另外，固体废弃物、废弃尾矿、工业废气等都会造成地表水和地下水污染。农业污染源主要是化肥、农药，这些成分大部分都残留在土壤和水分中造成污染。2010年晋城市城市空气质量监测点共设5个，点位分别是：自来水厂、气门公司、市环保局、技术学院、白马寺，监测项目包括PM10（可吸入颗粒物）、SO_2、NO_2。首要污染物为可吸入颗粒物242天，占66.1%；首要污染物为二氧化硫118天，占32.2%。空气质量优于二级的为354天（含一级104天），占97%；三级为11天，占3%；相比2005年，优于二级天数增加96天。

由于晋城市的能源结构以燃煤为主，这种高耗能经济结构对大气质量造成了较大的压力，2010年晋城市空气综合污染指数控制在1.76，比2009年下降0.08，降幅为8.5%；二氧化硫排放量9.81×10^4t，下降4.8%；化学需氧量1.64×10^4t，下降0.7%。市区空气中SO_2和总悬浮颗粒物TSP等污染物浓度均不同程度超标，给环境造成了较大的负荷和压力。

第三节 晋城市环境质量现状

晋城市作为典型的煤炭资源型城市，针对优势在煤炭，劣势也在煤炭这一基本市情，近年来在城市生态环境建设方面做了积极有效的探索，取得了明显的成效。

一、晋城市生态环境建设的探索与尝试

经济发展了，环境污染了。在付出沉重的环境代价后，晋城市委、市政府清醒地意识到：环境问题不仅直接影响到广大人民群众的工作、生活环境，也是关乎全市经济社会可持续发展的大事。要实现环境与经济协调发展，建设经济强市，就必须有一个良好的生态环境；污染治理了，环境搞好了，才能促进经济进一步发展。只有精心构建人与自然的和谐关系，才能实现人与人、人与社会的和谐发展。2003 年晋城市委、市政府向全市人民庄严承诺：绝不以牺牲环境为代价，来换取一时的经济利益。因此，果断决策，在全省率先实施“蓝天碧水工程”。从此，在全市范围内展开了一场声势浩大的环保攻坚战。

（一）坚决淘汰小冶炼

几年来，以壮士断腕的决心和勇气对 800 多座 $100m^3$ 以下小高炉进行了彻底关停、取缔，炸毁烟囱 1000 余根；对 50 余座 $200m^3$ 以下高炉实施了断电。年可减排二氧化硫超过 4×10^4t，减排烟粉尘超过 3×10^4t。

（二）关停、搬迁、改造市区重点污染企业

为了彻底改善市区环境空气质量，真正让广大市民在优美舒适的环境中生产、生活，市委、市政府痛下决心，对市区及周边 1 个钢铁厂、1 个化肥厂、3 个电厂、2 个电石厂、5 个水泥厂以及煤矸石砖厂、抗磨材料厂、中煤回收厂等 15 家重点工业企业实施了关停搬迁和改造。共涉及职工 6000 多人，损失产值 15 亿多元；搬迁、

改造共投入资金23亿多元；补偿关停企业及职工资金约4亿多元。

（三）推进市区环境综合整治

燃煤锅炉改造：2004年，晋城市政府发布了《关于市区禁止使用劣质煤炭的通告》，严禁劣质煤炭进入市区，对使用劣质煤炭的单位从严查处。2006年、2007年市政府专门拨出专项资金1300万元对居民使用优质煤炭进行了补贴。在此基础上，2008年，市政府全面启动了市区宾馆、酒店、洗浴业128台常年运营散煤锅炉清洁能源改造工作，并为这项共需资金6075万元的改造项目拿出2430万元专项资金给予补助。128台燃煤锅炉完成改造后，每年可节约原煤4.82×10^4t、削减二氧化硫386t、烟尘173t、氮氧化物362t。

扬尘污染治理：为有效控制扬尘污染，市政府专门下发了《晋城市城市扬尘污染防治办法》、《晋城市人民政府关于控制城市扬尘污染的通告》。市建设局、市环保局、市行政执法局每年都要对市区内所有建筑拆迁、施工工地进行定期不定期检查，规范和完善扬尘污染防治措施。市环保局专门购置了高压喷雾降尘洒水车，每天从早上7点到晚上11点对市区主要路街进行不间断喷雾降尘。同时，对市区暂时无法绿化的公共裸露地面，采取了喷洒抑尘剂和覆盖绿网措施。针对交通运输扬尘污染，对出入市区的运输车辆采取了强制性加盖措施，要求密闭运输，有效杜绝了物料抛撒现象的发生。启动了对市区及周边62条未硬化道路和36条破损道路的修复工作，努力实现“黄土不见天”。

机动车尾气治理：为了提高机动车尾气检测的科学性、规范性，新建了简易工况法尾气检测线，对10000多辆尾气超标车辆进行了治理；依托丰富的煤层气资源优势，在全省率先开展了机动车燃油改燃气试点工作，对3000余辆出租车和社会车辆实施了“油改气”。

与此同时，针对饮食业油烟污染问题，对市区108家宾馆、饭店、学校食堂的油烟污染进行了治理。

（四）狠抓地表水污染防治

2003年，晋城市境内丹河、沁河11个监测断面中，有9个断面不达标。丹河小赵庄、高平河西、任庄水库、水东桥、白水河 5 个断面以及沁河润城断面均为劣五类水质。针对丹河、沁河的水质状况，市环保局确立了“治丹保沁”的防治战略，在加强对沁河流域保护开发的同时，重点加大了对丹河流域环境的治理力度。

一是加强了对丹河流域重点排污企业的监管，重点加大了对流域化工企业的监察和监测频次，通过采取日常检查和突击夜查相结合的办法，对超排、偷排以及擅自停运环保设施的违法行为进行了严肃查处，有效避免各类突发性污染事故的发生。

二是在全市化工行业开展了生产工艺废水零排放试点工作。市政府果断决策，对全市已投产的 9 家化工企业实施生产工艺废水零排放技术改造。每年可少排工业废水 1.1×10^{7}t，减排化学需氧量超过 3100t、氨氮超过 1500t。

三是坚持从源头上控制丹河污染，市政府常务会决定在丹河流域不再批准新建涉水项目，最大限度地控制和减少污染。

四是为从根本上改善丹河水质，晋城市投资 7950 万元，2008 年 8 月 7 日开工建设了丹河人工湿地工程。该工程规划用地 1339 亩，规模为日处理污水 $8\times10^{4}m^{3}$。工程建成后年可削减化学需氧量 2044t、氨氮 540t，丹河水质将得到明显改善，力争由劣五类水质达到四类水质标准，丹河水质将得到明显改善，生态环境得到有效恢复，郭壁饮用水源地得到重点保护，东焦河水库蓄水发电，珏山景区和龙门景区将更好地发挥效益。

（五）综合整治市区东西两河

多年来，流经市区的东西两河污水横流、垃圾成堆、蚊虫肆虐，被人们称为晋城的“龙须沟”，广大市民反映强烈。2003 年 5 月，市委、市政府果断决策，投入 2 亿多元对西河进行了治理改造，实现了清污分流，形成了 $1.47\times10^{5}m^{2}$ 水面，$3.27\times10^{5}m^{2}$ 绿地和 10 多处优美环境景观，成为市民休闲、娱乐的好场所。2006 年，该工程荣获“中国人居环境范例奖”。

（六）全方位保护饮用水源地

市、县两级集中力量、集中时间、集中人员，完成了10个饮用水源保护区的划分，确定了一级、二级保护区范围，设立警示牌，定桩立界390多处，安装防护网超过3800m，总面积226km^2；对水源地规划区范围内的排污企业进行了集中整治，共取缔排污企业3个、治理排污企业17个，确保全市人民饮水安全。

（七）加大污染减排力度

为圆满完成主要污染物减排指标任务，2003年以来关停了5家污染重、排放量大的小火电厂（巴公电厂、阳城电厂2台机组、阳城南关电厂、高都电厂、沁水电厂）；督促阳城国际发电有限公司投资4多亿元，完成了6台3.5×10^5kW发电机组烟气脱硫工程，年实现减排二氧化硫超过3×10^4t。加快污水处理工程建设步伐，投资3亿多元，相继建成了晋城市区、高平、阳城、晋煤集团4个生活污水处理厂和巴公工业废水处理厂，年削减化学需氧量超过10000t、氨氮超过2000t。

（八）大规模实施生态建设

晋城市相继建成了陵川、沁水两个国家级生态示范区，完成了1个国家级环境优美乡镇、20个省级环境优美乡镇、39个省级生态文明村、26个生态示范矿井、6个规范化畜禽养殖示范项目的创建。在全市实施了六大造林绿化工程（通道绿化、交通沿线荒山绿化、村镇绿化、厂矿区绿化、环城绿化、城市绿化），全市森林覆盖率达到35.7%，全省排名第一。在市区投资5100万元，实施了东出入口、南出入口景观绿化工程，新增绿地2000亩，市区绿化覆盖率、绿地率、人均公共绿地面积分别达到45.8%、43.2%和15.5m^2。2007年，市区东、南出入口景观绿化工程被评为山西省园林绿化示范工程，2009年又荣获“中国人居环境范例奖”。

二、晋城市生态环境质量现状

2003年以来，晋城市相继获得“国家园林城市”、“中国优秀旅游城市”、“全国文明城市创建工作先进市”、“全国绿化模范城市”等多项荣誉称号，并在全省首批建成“山西省环保模范城市”。环保已经成为晋城展示城市自身形象、扩大对外开放的一张绿色名片。近年来，市民明显地感觉到：晋城的天更蓝了，水更清了，地更绿了，在蓝天丽日下，走在大街上，徜徉在公园里，大家时刻都能呼吸到清新怡人的空气。到晋城经商、旅游、出差的外地人，也无不伸出大拇指称赞：晋城不是江南，胜似江南！

（一）环境空气质量状况

2010 年晋城市区环境空气质量日报总监测天数 365 天，优于二级的天数为 354 天（2002 年仅为 59 天）（其中一级天数 104 天，二级天数 250 天），三级的天数为 11 天；城市环境空气质量级别达到《环境空气质量标准》（GB 3095—1996）中二级标准（2005 年以前为劣三级标准），实现了历史性跨越，被省政府列为全省空气质量显著改善重点城市。

（二）降水状况

2010 年晋城市在市区、市郊和高平市分设 3 个点位进行了降水监测，降水 pH 值年均值分别为 7. 62、7. 52、6. 80；pH 值最大为 7. 99，最小为 6. 58；全年无酸雨现象出现。

（三）地表水环境质量状况

晋城市辖区内地表河流有沁河、丹河、白水河，均属黄河流域沁河水系。沁河在晋城市境内长 168km，设监测断面 4 个；丹河在晋城市境内长 86km，设监测断面 6 个；白水河长 61km，设监测断面 1 个。

监测结果显示，2010 年晋城市地表水污染趋势得到控制，部分监测断面水质有所好转。从监测的 3 条河流 11 个断面中可以看出，达规定功能类别水质的监测断面为 5 个，占整个监测断面的 45. 4%；未达规定功能类别的监测断面中，四类水质监测断面为 2 个，劣五类水质监测断面为 4 个，分别占整个监测断面的 18. 2%、36. 4%。

各监测断面水质状况及变化见表5-2。

表5-2　晋城市主要河流国控、省控监测断面水质状况及变化

序号	河流	断面名称	断面性质	规定类别	水质类别		2010年水质状况与2009年比较
					2010年	2009年	
1	沁河	郑庄	省控	三	三	三	均无明显变化
2	沁河	曲堤	省控	三	三	三	均无明显变化
3	沁河	润城	省控	三	四	四	均无明显变化
4	沁河	拴驴泉	国控	四	四	四	均无明显变化
5	丹河	赵庄	省控	二	二	二	均无明显变化
6	丹河	小赵庄	省控	五	劣五	劣五	均无明显变化
7	丹河	高平河西	省控	五	劣五	劣五	均无明显变化
8	丹河	任庄水库	省控	三	四	四	均无明显变化
9	丹河	水东桥	省控	五	劣五	劣五	均无明显变化
10	丹河	后寨	省控	四	四	四	均无明显变化
11	白水河	白水河	省控	五	劣五	劣五	均无明显变化

注：水质状况根据中国环境监测总站综字［2004］72号文《地表水环境质量评价有关问题的技术规定（暂行）》评价，当水质状况等级不变时，则评价为无明显变化；当水质状况等级发生一级变化时，则评价为好转或恶化；当水质状况等级发生两级以上（含两级）变化时，则评价为显著好转或显著恶化。

（四）饮用水源地水质量状况

2010年对晋城市区集中式饮用水源地一水厂、二水厂入水水质每月监测一次，全年水质达标率为100%，群众饮水安全得到保障（见表5-3）。

表5-3　晋城市区2010年集中式饮用水水源地水质达标情况

水源地类型	水源地名称	水厂名称	取水总量/t	监测频次/次·a^{-1}	达标项次/次·a^{-1}	达标水量/t	饮用水源水质达标率/%
地下水	市区井水	一水厂	1.5362358×10^7	12	276	1.5362358×10^7	100
郭壁泉水	二水厂	二水厂	2.662529×10^6	12	276	2.662529×10^6	100

（五）声环境质量状况

2010 年对晋城市区 1 类、2 类、3 类、4a 类（交通干线）声环境功能区进行了监测，监测结果见表 5-4。

表 5-4 2010 年晋城市区声环境功能区监测结果 (dB (A))

声环境功能区类别	昼 间	夜 间
1 类	52.5	43.6
2 类	56.7	42.4
3 类	56.5	46.8
4a 类	66.5	52.2

监测结果表明，2010 年晋城市区 1 类、2 类、3 类、4a 类（交通干线）声环境功能区均达到《声环境质量标准》（GB 3096—2008）中 1 类、2 类、3 类、4a 类声环境功能区标准要求，达标率 100%。

（六）主要污染物排放状况

通过层层分解减排任务，严格落实各项措施，2010 年，全市二氧化硫、化学需氧量排放量分别控制在 9.81×10^4t、1.64×10^4t，较"十五"末（2005 年主要污染物二氧化硫、化学需氧量排放量分别为 1.173×10^5t、1.86×10^4t）分别削减了 1.92×10^4t 和 0.22×10^4t，削减率分别为 16.3% 和 12.9%。晋城市主要污染物排放量实现"双降"。

（七）结论

2010 年，晋城市市区环境空气质量明显改善，优于二级的天数为 354 天，市区环境空气质量首次达到《环境空气质量标准》（GB 3095—1996）中二级标准；全年无酸雨现象出现；地表水环境质量与 2009 年相比有所好转；城市集中式饮用水水源地水质良好，达到《地下水质量标准》（GB/T 14848—93）中三类标准，达标率 100%；市区各功能区声环境质量均达到《声环境质量标准》（GB 3096—2008）中 1 类、2 类、3 类、4a 类声环境功能区标准，达标率 100%；全市整体环境质量明显改善。

第四节　晋城市城市转型与生态环境建设的有利条件和制约因素

一、晋城市城市转型与生态环境建设的有利条件

（一）资源优势

根据赫克歇尔和俄林的资源禀赋理论，“各地分工生产使用本地最丰富的生产要素的产品，经过国际国内贸易，各地就能获得最大福利”。由于化石资源的稀缺性和不可再生性，煤炭、石油、天然气越来越成为国家利益争夺的焦点。从我国的能源结构出发，煤炭在国民经济中的地位将显得更加重要。晋城市含煤面积 5350km^2，总储量 8.08×10^{10}t，其中已探明储量 2.71×10^{10}t，2007 年，晋城市储量约占全国无烟煤储量的 1/4 以上，占全国无烟煤产量的近 50%，是全国重要的无烟煤基地。经过煤矿兼并重组，晋城市煤炭企业数量战略收缩，已经形成 129 座 9×10^5t 以上的煤炭企业集群，并产生了晋城煤业集团、兰花集团、沁和能源集团三个巨型“航母”。晋城市煤层气储量占全国的 21.77%，到 2010 年 6 月，已建成煤层气抽采井 2730 口，年抽采能力达 $2.3\times10^9m^3$；建成煤层气发电厂 21 座，总装机容量 1.8×10^5kW，是我国最大的整装煤层气田。2008 年全市发电量增加到 1.944×10^{10}kW·h，为打造 8×10^{10}kW 电力基地奠定了基础。全市形成大颗粒尿素 3.38×10^6t、甲醇 8.1×10^5t、二甲醚 1×10^5t 的生产能力，是全球最大的以煤为原料的高浓度氮肥基地和全国重要的煤化工基地。晋城市煤炭、煤层气、电力、化肥在各自的市场中所占份额越来越大，话语权越来越重要。但资源优势并不能天然地成为竞争优势，关键要看一个地区对资源的加工、转化、跃升能力，否则就会陷入“资源陷阱”。在未来的短时间内，晋城市可以充分争取和发挥在上述产业领域的发言权和定价权，为全市经济跨越发展提供最为重要的战略支撑，为转型发展提供坚实的物资

保障，同时利用晋煤集团等大型煤企先进的研发平台，为煤机装备制造、旅游等产业的兴起积蓄后劲，为晋城市发展接替产业创造条件。

（二）生态优势

环境和生态问题已经影响到人类的生存和发展，人与自然如何和谐相处，是21世纪人类发展的最重大课题。目前，对区域生态环境服务功能经济的价值评价，有市场价值、恢复费用、机会成本，影子工程等四种方法。根据生态系统的直接利用价值、间接利用价值、潜在利用价值和非利用价值，据统计，我国每年提供的森林生态价值初算可以达到10万亿人民币，加拿大环保组织戴维·铃木基金会一份研究报告说，良好的自然生态环境每年直接和间接给大温哥华地区带来约54亿加元的经济价值。晋城市属于暖温带半湿润大陆性季风区，冬无严寒，夏无酷暑，年均降水量650mm，气候湿润。2010年，晋城市区空气质量二级以上天数达到354天，其中一级天数达104天。晋城水资源量 $1.59\times10^{9}m^{3}$，过境水量 $5.58\times10^{8}m^{3}$，是北方较富水地区之一。全市森林覆盖率达38%，在全国绿化百强榜中排名第四。目前，晋城市已经建成“国家级园林城市”、“中国优秀旅游城市”、“全国绿化模范市”，良好的生态成为晋城市一张亮丽的名片。未来晋城市可以充分发挥良好生态的影响力，继续加大湿地建设和绿化、环保工作力度，为晋城市的发展赢得政策支持，集聚各方人气，特别是在发展中药材、小杂粮、生态养殖等产业上发挥潜力，打响品牌，做足文章；可以充分发挥良好生态的吸引力，吸引一批高科技产业和绿色、环保产业落户晋城，抢占第三次技术革命的发展先机；2010年，晋城市已有25家星级饭店，已经建成49个成规模的旅游景点，景区级别数量名列全省第二，2010年全市接待海外旅游者5.1万人次，接待国内旅游者1047万人次，旅游外汇收入1658万美元，国内旅游收入75.5亿元。将来可以充分发挥良好生态的竞争力，为晋城市抓住分配改革、内需为主、消费升级的有利时机，精心打造优秀旅游目的地夯实根基。

（三）区位优势

晋城市是山西通向千里中原的重要门户，是我国承东启西、连接南北的一个重要枢纽。太焦、侯月两条铁路纵贯市境，晋城市距郑州市、洛阳市、长治市三个机场均在100km左右，与天津、日照、连云港三个海港都有高速公路相连。未来10年，晋城市将建成9条高速公路，公路通车总里程将达到13373km，高速公路将达到511.3km，建成“四环五射二十个出口”的公路网主骨架体系，形成辐射周边郑州、洛阳、新乡、焦作、济源、安阳、鹤壁、长治、运城、临汾等10个城市约4500万人口的一小时经济圈。根据市委五届六次全会的定位，未来晋城市将建设晋豫区域中心城市、生态宜居城市和重要门户城市。立足晋城市的区位优势，作为整个黄土高原乃至西北地区通向中原的桥头堡，可以努力建设华北乃至全国重要的钢铁、煤炭、建材、煤化工产品及中药材等物资的集散地，大力发展“面向中原、辐射全国”的物流业；作为沟通东西、连接南北的重要支点，可以承接后金融危机时期东部沿海的产业转移，利用丰富的自然资源和廉价的劳动力资源，大力发展外向型经济。

（四）政策优势

在产业升级和“内需为主”方针引导下，我国的产业政策将会做出重大调整，这成为晋城市加速发展的利好因素。2007年以来，山西省先后被国家批准为煤炭工业可持续发展政策试点省、循环经济试点省，2010年12月13日又成为国家资源型经济转型综合配套改革实验区，这意味着山西省在重点领域和关键环节可以先行先试、锐意突破，为全国的经济发展方式转变走出一条新的路子；同时，全国其他综合配套改革试验区已有的一些好的经验、好的政策，可以优先在山西省进行移植和推广。2006年至今，晋城市经济社会发展水平全省第二、发展指数全省第一，所辖六县区有四县市进入中部百强，财政亿元以上乡镇达到11个。作为山西省改革开放的排头兵，这些政策的出台，为晋城市用足用活国家政策，提供了又一次难得的发展契机。

（五）体制优势

晋城市将以骨干企业为依托，大型项目为支撑，根据“工业新型化、产业集聚化、园区特色化”的总体要求，遵循“产业集结、工业集聚、企业集群”的发展路径，采取“政府引导、市场运作、多元投入、滚动发展”的模式，努力打造“产品项目、公用工程、物流传输、环境保护和管理服务”五位一体的工业园区，为构建现代产业体系提供更加广阔的发展空间和载体，努力构筑“设施齐全、功能配套、布局合理、特色突显、资源共享、产业循环、服务优质、生态良好”的六大园区，加速推动晋城市工业经济转型跨越发展，实现产业集群化、集约化、循环化、现代化。同时，随着晋煤集团纳入全市经济发展规划，晋城市地方经济和晋煤集团将协同作战，形成共赢局面，成为晋城市经济社会转型、跨越发展的强大动力。

（六）人文优势

建市以来，晋城市人民坚持改革开放，不忘艰苦奋斗，在市场经济浪潮中敢闯敢干，吃苦耐劳，涌现了一批带头致富、带领致富的企业家、“煤老板”和绿洲、夏普赛尔、皇城等一批搏击市场风浪，发展地方经济的先进企业、先进村。在新的历史时期，这种精神又不断被赋予新的时代内涵，形成了崇实守信、开放包容、争先创新的晋城精神，成为晋城市独具魅力的政治人文优势，为晋城市先后建成全国文明城市创建先进市、全国社会治安综合治理优秀市、世界投资中国中小魅力城市、中国吸引华商投资最佳城市奠定了基础。省委转型跨越要求激发出的动力，市委、市政府务实创新的凝聚力和号召力，全市上下迸发出的奋发有为的活力，成为晋城转型跨越发展的创业之基、发展之魂、力量之源。

（七）资本优势

资本优势有：

一是银行的巨额存差。1989 年晋城市开始出现存差，到 2010 年存差持续增加，存差额由 1.61 亿元增加到 800.5 亿元，存差占存款的比重也由8.96%上升到60.34%。

二是煤矿兼并重组整合后，退出煤炭生产、流通领域的巨额民间资本，有着强烈的投入冲动。

三是“十一五”期间晋煤集团投向外地巨额资金，未来晋城市地方经济要主动出击，吸引晋煤集团的投资。

用好用活这三个方面的资金，将为晋城市经济转型跨越发展注入一池活水。

二、晋城市城市转型与生态环境建设的制约因素

（一）晋城市城市转型所面临的主要资源问题

1. 水资源利用中面临的主要问题

纵观晋城市水资源开发利用状况，主要存在以下几方面问题：

一是人均水资源量少与地表水开发利用程度低并存。晋城市人均水资源量少（低于世界公认标准的重度缺水界限）是由所处的地理位置决定的，但由于历史欠账，晋城市的现状地表水开发利用程度又极低。沁河年径流量虽较大，但由于缺乏具有调蓄能力的水利骨干控制工程，丰、枯水期不能调蓄，区域之间的水量调度也难以实现，有水用不上。丹河上游河道干枯，下游河道高程低，泉水出露在山高沟深的河谷中，开发利用难度大，成本高，要予以充分开发利用，需要大量投资，这是造成开发利用程度低的根本原因。

二是局部地区地下水开采过度与大量地表水流出境外并存。目前，晋城全市城市生活及工业用水的85%以上依靠开采地下水供水，地下水开采量不断增加，已造成地下水水位不断下降。特别是在人口、城市和工业集中分布的丹河流域，孔隙水、裂隙水已近疏干，取水主要依靠深层岩溶地下水，且在局部地带形成了两个严重超采区，主要分布于高平、巴公、北石店、市区等4个地下水集中开采区（其地下水取量占全市地下水总取水量的58.6%），区域地下水位年平均下降1.77～2.62m。由于深层地下水位持续下降，使现有深井出水量减少，甚至出现部分深井吊泵乃至报废现象，到2010

年，丹河流域已有20余眼深井吊泵，其中9眼已彻底报废，8眼重新加深扩孔。更为严重的是，由于区域水位下降，在盆地外围的陵川西部、高平市东部、泽州县东北部形成约4km宽的疏干带，使这些地区人畜吃水无法解决。然而，由于缺乏骨干控制性地表水利用工程，境内的沁河、丹河及卫河各支流每年却有$14.12 \times 10^8 m^3$的地表水流出境外。

三是水资源匮乏与浪费水现象并存。受传统用水意识影响，认为水是取之不尽、用之不竭的观念在大多数人的头脑里根深蒂固，使得浪费水的行为和现象在人们周围随处可见，如在城市中任意用自来水洗车、绿化、洗浴，自来水供水系统管网漏失率高，以及工业用水中的设备陈旧高耗水、复用率低等，使得原本匮乏的水资源随着城市规模、经济规模的快速扩张更显得捉襟见肘。

四是水资源污染加重，地下水和地表水水质下降。晋城市的污染源按性质划分主要是工业污染源、农业污染源和生活污染源等类型。其中从河流来看，晋城市的河流不同程度地均受到污染，尤其在设有入河排污口的河段，污染更为严重。沁河67.3%河段水质良好，为二类水质，但是在端氏—润城和西神头—延河泉河段水质为三类，在润城—西神头段水质污染严重，为劣五类水质。丹河的整体水质比沁河更差，寺庄—任庄河段和高都—河东河段都为劣五类水质。从河流污染趋势来看，沁河的氨氮、总硬度、氮化物、氯化物、硫酸盐等重要指数逐年上升，高锰酸盐指数呈总体下降趋势，挥发酚和溶解氧变化不大。

2. 土地资源利用中面临的主要问题

土地资源利用中面临的主要问题是：

（1）人口增加，耕地减少，人地矛盾突出。改革开放以来，随着社会经济的不断发展，农业内部结构的调整、灾害的毁损，以及城乡、交通等建设占用大量耕地。同时，全市人口不断增加，致使人地矛盾突出。根据晋城市土地变更数据显示，1996年晋城市全市耕地317.38万亩，人口205.5万人，人均耕地1.54亩，到2010年全市耕地下降到288.23万亩，人口增加到222.33万人，人均耕地下降到1.3亩，低于全国和全省平均水平，人地矛盾比较突出。随着工矿、城市建设、交通用地的增加，预计未来几年晋城市人均耕地仍然会下降。

（2）耕地质量相对较差，利用不充分，生产率低。晋城市耕地总体质量相对较差，2/3耕地是中低产田。全市旱地多、水地少，梯田、坡地多，平川、沟川地少，中低产田多，高产田少。中部河川盆地地区（城区、泽州、高平、阳城部分）耕地多，质量好，效益好。外围山地丘陵区（陵川、沁水等）几乎全是旱地，坡度大，水土流失严重，产量低，质量差。

（3）非农建设占用耕地数量不断扩大。随着经济的快速发展，城镇化和工业化进程的不断加快，非农建设占用耕地尤其是交通、道路占用耕地速度快、数量大。据统计，2010年非农建设主要是高速路、道路绿化带及村村通工程等，占用耕地2700余亩。

（4）耕地弃耕和破坏现象较为严重。据统计，2010年晋城市因移民并庄、交通不便、耕地困难、投入大、产出小等原因弃耕地面积52139亩，占耕地总量的1.7%。全市2010年自然灾害和采矿损毁耕地18210亩，造成地表塌陷、耕地数量减少、质量下降。

（5）违法占地、浪费土地现象不断发生。由于土地利用总体规划实施刚性不足，国土资源规划宣传不够，不按照规划占地、违法占地现象仍然屡禁不止，破坏和浪费土地资源、粗放利用土地现象还很严重。据统计，土地市场整顿期间，全市共查处违法占地案件798起，占地面积6000余亩，大部分属违法占用耕地。

（6）水土流失严重，生态环境不断恶化。全市有2/3的土地分布于丘陵山区，由于植被覆盖差，加上利用不当，常在降雨集中的夏季形成严重的水土流失，全市年侵蚀总量约1.8742×10^7t。土层中大量的氮、磷、钾等营养物质流失，造成土壤肥力下降；切割农田、淤积河道，既影响着工农业生产，又形成严重的生态和社会问题，致使生态环境严重恶化。

3. 矿产资源利用中面临的主要问题

矿产资源利用中面临的主要问题是：

（1）资源日渐短缺，可供开采的时间有限。目前晋城市的铁矿资源基本枯竭，煤炭资源探明储量为 2.73×10^{10} t，“十二五”期间全市煤炭企业年生产能力将达到 2×10^{8} t，按 30% 的资源回收率计算，全市煤炭资源开采年限仅为 35 年左右。煤炭资源枯竭之日，就是现有的以资源型经济为主要特征的“晋城模式”终结之时。

（2）矿产资源地质勘查程度较低，可供建井设计的高级储量不足。晋城市矿业以采煤为主，其次为铁矿和硫铁矿资源，其他矿产开发程度较低。晋城市煤炭地质勘查程度相对较高，但探明储量和地质研究程度较高的储量基本是保证国、省营煤矿及重点市、县营煤矿生产和改扩建需要。目前存在的突出问题是地方大中型矿井的接替矿区和新建矿区的勘查程度较低，不能满足建井需求。同时，其他矿产勘查程度普遍偏低，特别是水泥灰岩、电石灰岩、白云岩、黏土矿产等调产项目急需的矿产地质工作程度均较低，不能满足建设需求。

（3）矿山规模小，布局不合理，浪费资源现象严重。近几年，虽对乡镇小矿山几经整顿，关掉了一批小矿山，淘汰了一批资源枯竭的矿山，整顿了一批违法采矿的矿山，改造了一批尚有联营和扩大规模条件的矿山。但总体上来讲，矿山开采规模仍然偏小，矿业开发布局仍不合理。小煤矿的开采回采率大部分在 35% 以下，严重地浪费了矿产资源。晋城的非煤矿山全部为小型矿山，大部分矿山无正规设计或不按设计开采，存在资源浪费问题，同时还存在矿业布局不合理现象，使得煤炭资源的整体开发和合理布局遭到严重破坏，不利于科学管理、科学采矿。

（4）矿业经济结构单调，矿产产品结构不合理。晋城矿业经济存在重开发轻保护、重煤炭工业轻非煤工业、重原煤生产轻加工转化、重原矿初级产品销售轻延伸产品的深加工增值、重现有矿产开采轻新矿种开发等问题。所以多年来存在以煤、铁等矿产开发为主的单一的矿业开发结构，其他矿产开发未引起足够重视，存在矿产品深加工程度低、矿产品链未形成的以初级产品为主的矿产品结构不合理现象。

（5）资源综合利用、综合开发程度低，引发的环境问题严重。

根据晋城的成矿地质条件，含矿地层中共伴生矿产较多，但长期以来，单一采矿的现象严重，综合开采、综合利用程度低，尾矿未得到充分利用，具有经济价值的伴生矿产未加以研究利用。特别是大量煤矸石的积压和长期堆放，造成矸石自燃，污染大气环境，堵塞河道，污染水体。采矿造成地面塌陷，破坏了农田，引发房屋裂缝倾斜，造成地下水位下降，水土流失，土壤干旱加剧，破坏自然景观、植被、森林，造成山体开裂、滑坡等，环境污染和地质灾害问题严重。

此外，集体小矿山技术装备差，开采技术落后，抗灾能力低，安全保障程度较低，安全事故时有发生。

（二）晋城市城市转型所面临的主要经济发展方式问题

1. 产业发展不协调，结构失衡问题严重

由于长期以来晋城经济发展过度依赖煤炭资源，致使产业结构严重失衡。第一、第二、第三产业发展失衡。1985 年晋城第一、第二、第三产业的比重为 20.8%：62.1%：17.1%，到 2000 年演变为 8.2%：52.8%：39%，但到了 2009 年演变为 4.1%：63.3%：32.5%。与全国、山西省比较，产业结构低度化问题更明显。全国第三产业占 GDP 的比重 2005 年为 40.1%，2009 年变为 42.6%，上升了 2.5 个百分点，山西省从 37.4% 变为 38.9%，上升了 1.5 个百分点，而晋城仅从 31.2% 变为 32.5%，上升了 1.3 个百分点。2009 年，晋城第三产业比重低于全国 10.1 个百分点，低于山西 6.4 个百分点，而 2005 年比全国和山西仅低 8.9 和 6.2 个百分点，晋城第三产业比重低于全国全省的趋势在加重，产业结构低度化问题更加突出。

从产业内部结构看，失衡问题更加严重。在第二产业内部，煤炭产业增加值占工业增加值的比重始终保持在 60% 左右，2005～2007 年所占比重均超过了 70%；而制造业增加值占工业增加值的比重也从 20 世纪 35% 左右下降至 25% 左右；轻重工业比重更是从 1985 年的 11.58%：88.42% 改变为 2000 年的 9.22%：90.78%，到

2007 年竟改变为 1.16%∶98.84%。在第三产业内部，长期以来一直以传统服务业为主，交通运输仓储邮政业和批发零售餐饮住宿业占第三产业的比重将近 50%。现代服务业发展波动性较大。像金融业，1990 年占第三产业比重为 5.56%，1995 年曾上升至 17%，2007 年下降到 8.23%。这种产业构成特点突显了晋城产业结构的低度化和经济发展的粗放型。由此形成了经济利益大量外流，就业岗位短缺，抑制了农村劳动力的转移，造成生产要素大量外流。

2. 城乡发展不协调，不公平问题凸现

城乡发展不协调集中表现在城乡经济社会发展差距拉大，致使社会不公平问题更加突出。集中表现在农村经济发展落后，农村生活基础设施建设落后，城乡居民收入差距拉大，城乡发展差距扩大。

3. 经济社会发展不协调，结构性矛盾突出

一是区域发展不协调，主要表现在缺乏煤炭资源的县区和拥有煤炭资源丰富的县区、经济发达地区和经济落后地区差别很大，尤其是山区农村的发展更为困难，差距越来越大。

二是社会发展不协调，集中表现在教育、卫生、科技发展落后且不平衡。

（三）晋城市城市转型所面临的产业政策和市场前景

1. 产业政策

后金融危机时期，面对消费结构升级、工业化成本上升、劳动力供给出现转折，产业结构升级和环保压力加大的形势，国家的能源、资源和环境政策将日趋从紧，产业项目的规模、土地、环评门槛将不断抬高，经济增长靠外延增长的模式将难以为继。

2. 市场前景

晋城市的主要产品中，煤炭受资源产品的稀缺性和国家对能源价格宏观调控的综合影响，短期内煤炭市场前景持续向好，但价格

坚挺趋势将会有所控制；随着经济复苏步伐的加快，电力供需矛盾仍然较为突出，但由于受政策影响较大，价格不会剧烈震荡；化肥由于是涉农产品，晋城市虽然市场占有率很大，但对产品价格的发言权不会太大，利润空间极其有限；冶铸、建材等已经出现市场饱和；煤制油等煤化工业受生产工艺和煤炭价格等条件所限，仍然是微利甚至是亏损行业，市场竞争能力有限。LED、富士康等中高端产业和其他地面企业，受国际、国内市场影响较大，现有的生产规模还难以担当晋城市产业支柱重任。晋城市现有的经济发展模式将遭受更大挑战，从根本上对现有模式进行一次脱胎换骨的改变，不仅是时势所趋，更是形势所迫。

（四）晋城市生态环境建设所面临的主要问题

1. 矿产资源开采中面临生态环境破坏问题

伴随着矿产资源的开采，土地和植被严重破坏，土地质量下降，水土流失、土地塌陷，以及 TSP（总悬浮颗粒物）、PM10（可吸入颗粒物）、SO_2、NO_2 等造成空气污染。

2. 矿产资源利用过程中面临的生态环境问题

以煤炭采选为基础的产业链延伸逐渐扩展到电力、化工、冶铸等下游产业，造成了水资源过度开采和浪费，空气污染、河流和地下水污染、工业废弃物的排放、土壤的酸碱度失衡、生态破坏等综合性的生态问题。

3. 城市面临的综合性生态环境问题

随着城区规模的不断扩大和经济总量的迅猛增加，人口规模的持续增长使城市环境基础设施的负担加大，对生态环境容量造成严峻考验。主要表现在以下五个方面：

（1）人口增长带来生活污染物排放量大幅增长。

（2）工业生产总量增长，导致工业污染物排放总量增大。

（3）基础设施建设滞后于城市发展，城市生活污水、生活垃圾得不到处理。

（4）第三产业发展迅速，带来的污染未能得到有效治理。如汽车拥有量迅猛增加带来的汽车尾气污染，交通噪声污染，房地产开发带来的施工噪声污染、粉尘污染，餐饮业带来的油烟污染，洗浴业带来的废水污染等都成为制约城市生态、影响城区居民生活环境质量的重要因素。

（5）市区地形地貌条件不利于大气污染物扩散。市区为山间盆地，三面环山，在静风天气和逆温天气情况下，不利于污染物扩散。大风天气扬尘四起，加重空气污染程度。

第六章　晋城市城市转型与生态环境建设的战略与构想

第一节　晋城市城市转型战略——发展循环经济、实现可持续发展

一、发展循环经济是晋城市的必然选择

传统经济模式是由“资源—产品—废弃物”所构成的物质链单向流动的经济，其特征是高开采，低利用，高排放，以不断加重生态环境负荷来实现经济增长，这样最终导致了许多自然资源短缺与枯竭，并酿成了灾难性的环境污染后果。

循环经济是使经济活动对环境的影响降到最低，以最小的资源环境代价实现经济社会可持续发展模式。主要以“资源—产品—废物—再生资源”的物质循环流动为特征，突出表现为“三低一高”，即低投入、低消耗、低排放、高效率，在产业系统中实现能源和物质消费的优化，把人类的生产与消费方式限制在生态系统能够承受的范围之内，从生态角度重塑产业系统，使资源得到充分利用，最大限度地减少废弃物排放。它能有效解决可持续发展的两大障碍——环境污染和资源短缺，从根本上消解长期以来环境与发展的矛盾冲突。

晋城市地处沁水煤田腹地，全市煤田面积 $4654km^2$，占国土面积的49%，无烟煤探明储量 273×10^{10} t，分别占全省、全国的55%和26%，属典型的资源型城市。

煤炭是晋城市的支柱产业，也是优势产业，是晋城经济社会发展的基础和希望，在今后相当长一段时期内，其支柱地位不会动摇。所以，晋城市进行产业结构调整，必须走好传统产业新型化这步棋。要把晋城建成全国无烟煤及其相关产业的现代化生产基地，必须走资源—产品—再生资源的新路。晋城要实现既定的奋斗目标，希望

在于循环经济，出路在于循环经济。走出一条晋城特色的发展循环经济之路，不仅是晋城经济转型的需要，更是加快晋城经济社会全面、协调、可持续发展的必由之路。发展循环经济的必要性体现在以下几个方面：

（1）发展循环经济是转变经济增长方式，建设新型能源和工业基地的有效途径。在建设新型能源和工业基地过程中，通过发展循环经济，从根本上转变经济增长方式，真正走出一条科技含量高、经济效益好、资源消耗低、环境污染少、人力资源得到充分发挥的新型工业化路子，切实解决好资源环境生态问题。在确保经济增长的同时，进一步降低资源和能源消耗，加快生态环境建设和修复的进度，实现从量的扩张到质的提高转变，促进经济和环境协调发展。

（2）发展循环经济是有效缓解资源约束，促进资源持续利用的战略抉择。晋城市高度依赖资源投入的传统工业必然遭遇资源约束的"瓶颈"。大力发展循环经济，在减量化的基础上，将上一环节的污染变成下一环节的原料，合理延伸产业链，将其覆盖到生产、流通、消费、环境、社会等多个领域，实现节约资源、变废为宝、资源再生、污染零排放。唯有这样，才能提高资源利用率，延长供给年限，从根本上实现资源的高效利用和再生利用，缓解并最终跨越资源约束，建设资源节约型和环境友好型社会，达到可持续发展的目的。

（3）发展循环经济是削减污染物排放，从根本上改善环境质量的有力措施。以发展循环经济为切入点，以清洁生产、构建生态产业链为手段，将污染环境的废物转化为资源，拓展产业发展的空间，才能最大限度地从源头和生产过程中控制污染物的产生，使污染物消化于生产过程，进而最终减少或消除污染物的排放，从根本上解决全省结构型、区域性污染问题，有力改善环境质量。

（4）发展循环经济是形成新的经济增长点，加快构建和谐社会的关键举措。在实现结构转型过程中，晋城市面临着城乡居民就业压力大、资源占有不公、贫富差距拉大等诸多问题。尤其是推进城乡一体化中，越是贫困乡村，资源开采利用越粗放，环境污染越严重，不仅不能摆脱贫困，反而形成资源型贫困、污染型贫困。发展循环经济，大力发展资源循环型产业，提高加工深度，延伸产业链，增加附加值，在实现节约资源、减少污染的同时，开辟出新的生产领域，培育新的经济增长点，创造更多的新岗位，使人力资源得到充分发挥，成为化解发展中的社会矛盾、缩小城乡差距、构建和谐社会的最佳形式。

（5）发展循环经济是提高地区经济竞争力，实施中部地区崛起战略的重要基础。通过发展循环经济，一方面可以实现资源的合理配置和有效利用，减少消耗，降低成本，提高经济效益和综合竞争能力；另一方面，可以引导企业加快产品结构调整，积极开发环境友好技术和环境标志产品，扩大国际市场份额，提升晋城市参与大区域经济圈的综合竞争力，在更高层次的区域竞争与分工中，为融入国内和国际大市场奠定坚实的基础。

（6）发展循环经济是坚持以人为本，实现可持续发展的本质要求。实现全面建设小康社会的目标，就是要坚持以人为本，不断提高人民群众的生活水平和生活质量，让“人民喝上干净的水，呼吸清洁的空气，吃上放心的食物，在良好的环境中生产生活”。真正做到这一点，就要大力发展循环经济，搞好资源节约和综合利用，加强生态建设和环境保护。通过发展循环经济，形成节约资源、保护环境的生产方式和消费模式，提高经济增长的质量和效益，促进人与自然的和谐发展。

二、晋城市发展循环经济的有利条件

（一）独特的二次资源形成了循环经济良好的承载平台

若能将每年挖煤排放的 4×10^{8}t 矿井废水循环利用，可供 8×10^{7}kW 新式发电机组使用；若能有效利用每年炼焦排放的 $1.2\times10^{10}m^{3}$ 的煤气和将 $1\times10^{13}m^{3}$ 的煤层气逐步加以抽采利用，就相当于又建了一个西气东输工程；若能将现存的超过 1×10^{9}t 煤矸石加以利用，就可产生超过 3×10^{8}t 优质动力煤具有的热能。同时，利用煤矸石开发新型墙体材料、微晶玻璃等产品，利用焦炉煤气、煤层气发展甲醇、合成氨、二甲醚等化工产品，通过循环经济将会形成资源再利用的产业链条。

此外，晋城市废旧物质的资源化利用还处于初级阶段，城市垃圾分类、垃圾有机质能以及废玻璃、废轮胎、废家电等废物的回收利用率低于发达国家80%的水平，利用潜力很大。农作物秸秆、禽类粪便等可再生能源的开发利用占农村生活和生产能源总数的比重不足10%，再生资源的开发利用有充分的潜力可挖。

（二）产业相近，容易耦合，形成了发展循环经济突出的比较优势

晋城市的经济结构以煤炭、炼焦、电力、冶金等传统产业为主体，大多属于资源型产业，产业之间具有容易耦合的条件。而循环经济正是依托这些传统产业来发展和支撑的。各产业在生产过程中产生的废物绝大多数具有极高的利用价值，较易回到本生产系统，或者为别的产业所利用。如煤矸石热值高，粉煤灰品质好，矿井水用途广泛等。这就在产业的联动过程中，很容易融入循环经济的内容，特别是以煤为原料的焦化、电力、钢铁企业，在煤矸石、粉煤灰、废钢渣综合利用和废气、废水、余热回收等方面都有很强的关联性，成为行业和企业走上循环经济之路的便利条件。

同时，资源型产业也构成了突出的资源型板块经济特色。煤炭及其焦化产业、冶炼及其铸造产业、铝土及铝工业、原镁及其镁合金工业、电力工业等，既是重污染型产业，也是循环经济发展的重要平台。尤其是随着世界能源供应结构的变化，我国为缓解石油短缺矛盾，煤炭能源日益受到重视，利用循环经济模式实现煤炭资源的清洁利用和延伸煤化工产业链，是晋城市经济建设最具成长前景和最重要的领域。

（三）综合实力显著增强，为发展循环经济奠定了重要的经济和社会基础

2010年晋城市生产总值730.5亿元，比2009年增长13.7%。全年城镇居民人均可支配收入为17353元，比2009年增长14.5%；城镇居民人均消费性支出10586元，增长11.8%。农村居民人均纯收入5899元，增长12.2%；农村居民人均生活消费支出3853元，增

长5.5%。这充分显示出经济结构调整的积极成果，形成了发展循环经济的强大动力。同时，在农业、能源、交通运输、水利、城建、环境的公益设施建设等方面的投资得到加强，城市化水平日益提高，城市化空间结构进一步完善。科技、教育、文化、卫生等社会事业全面进步，人民群众的物质和文化生活质量及文明素质不断提高，为循环经济建设奠定了良好的社会基础。

（四）循环经济特征产业开始成长，成为发展循环经济的工作基础

晋城市积极实施可持续发展战略，努力缓解资源紧缺，减少环境污染，提高经济增长的质量和效益。大力推动产业园区模式发展，通过整合资源优势，构建起工业生态系统的基本框架，利用单元企业的物质流形成工业代谢产业链，促进区域型产业经济向开放型循环经济、互补型共生经济、规模化生态经济转型发展。在循环经济技术层次，钢铁行业对炼钢废渣再生利用；化肥行业“两水闭路循环”技术；发电厂粉煤灰制砖；洗煤废水循环、煤矸石等固体废物实现资源化利用；焦炉煤气用于回转窑、隧道窑、玻璃熔窑、镁合金熔炼炉的燃料；废渣生产水泥；造纸厂利用造纸黑液生产木质素、黄酸钠和固沙剂、制砖黏合剂等，在发展中多角度地展开了循环经济的实践。

农村循环经济建设以能源生态模式为重点，开展沼气技术“一池三改”、“四位一体”、“猪—沼—菜”等生态技术推广工作，农村沼气项目累计发展到9万户，步入了沼气综合利用稳步发展的轨道。

（五）生态建设和环境保护取得了一定成效，成为发展循环经济的良好支撑和有利条件

晋城市自然保护区总数5个，自然保护区面积达到15.6 × $10^4 hm^2$，占全市土地面积的16.5%；全市国家级生态示范区2个。环境保护力度进一步加大，城市环境空气质量不断改善，2010年全年市区环境空气质量二级以上天数达到354天，比2009年增加2天，其中一级天数达到104天，比2009年增加1天。空气综合污染指数控制在1.76，比2009年下降0.08，降幅为8.5%。二氧化硫排

放量 9.81×10^4t，比 2009 年下降 4.8%。化学需氧量 1.64×10^4t，比 2009 年下降 0.7%。全市集中式饮用水源地水质达标率达 100%。城市污水处理率达到 95%；城市生活垃圾无害化处理率达到 94.5%；集中供热普及率达到 81%；建成区绿化覆盖率达到 45.8%。在经济持续增长的情况下，全民环保意识得到提高，绿色消费引领时尚，逐步向好，成为循环经济发展的良好支撑条件。

（六）政府重视，社会关注，发展循环经济的氛围逐渐形成

省委、省人大、省人民政府高度重视发展循环经济，先后出台了《山西省清洁生产审核实施细则》、《山西省节约能源条例》、《山西省关于全面推进资源节约与综合利用的决定》、《山西省贯彻落实〈国务院关于做好建设节约型社会近期重点工作通知〉的实施意见》、《山西省关于加强节能工作的决定》和《资源综合利用产品认定管理办法》等一系列规章制度，并论证、筛选和储备了一批循环经济项目，完成了“山西省循环经济发展对策研究”课题。省发改委、质监局联合为首批国家级循环经济标准化试点城市制定了建设标准和管理办法。晋城市重点是在煤层气利用、焦炉高炉煤气利用、煤转化、煤化工尾气利用、煤矸石利用、生态农业等六大循环经济产业链中实现标准化管理。

作为首批国家级循环经济标准化试点城市，晋城市将按照《山西省国家级循环经济标准化试点城市建设管理办法》，建立并完善以技术标准为主体，包含管理标准、工作标准在内的循环经济标准体系；重点抓好节能、节水、节材和废物再利用、资源化等方面标准的贯彻应用；加强循环经济标准信息平台建设，构建循环经济标准化信息网络。晋城市已经全面拉开了循环经济建设的序幕。

三、晋城市循环经济发展现状

近年来，晋城市市委市政府认真贯彻落实科学发展观，加大节能降耗和节能减排工作力度，着力转变经济增长方式，引导企业实施清洁生产和资源综合利用，积极发展循环经济，初步形成了晋城市以煤炭资源为原料的化工、焦化、冶铸、发电、煤层气、建材等

产业链，农村沼气、秸秆气“户户通”工程，促进了农村新能源建设。全市循环经济迅速发展，呈现出许多新亮点。

（一）循环经济链条渐具雏形

晋城市以建设全国重要的煤化工基地为突破口，以提高资源附加值为主题，改变过去传统的生产方式和资源利用方式，逐步形成了多条以煤炭资源为主，向外延伸、拓展的产业链条。目前，已形成以兰花集团、晋煤集团等为代表的“煤—化肥（化工）”煤炭深加工产业链；以高平兴高焦化公司、泽州东方实业为代表的“煤—铁（焦炭）—煤气—电—建材（铸造）”焦炉、高炉煤气产业链条；以山西金驹煤电化股份有限公司、晋城市恒光热电有限公司和康厦建材公司为代表的“煤矸石—电（气）—粉煤灰—新型建材”煤矸石、热电产业链条；以晋煤集团蓝焰公司、中联公司、山西能源集团为代表的“煤—煤层气—电—燃料（车用、民用、工业用、商业用）”煤层气产业链条；以晋宏实业有限公司为代表的“粮食—养猪—沼气—有机肥”循环农业产业链条。这些产业链条的形成、发展、成熟，促进了资源集约化利用和废弃物资源化，标志着晋城市正在迈入循环经济的门槛。

（二）成长起一批基本成形的循环型企业

随着国家节能降耗和节能减排工作力度的加大，在各级政府的积极引导、扶持下，一些企业已经开始认识到节约资源、综合利用、减少排放，是实现以最小的资源和环境成本取得最大经济效益和社会效益的根本途径。他们开始自觉地走上循环经济发展之路，涌现出一批基本成形的循环型企业。高平市兴高焦化公司在国内首家将炼焦产生的高温废气收集起来用于发电，发电厂超值的外排循环冷却水用于熄焦，余热锅炉定排水用于脱硫除尘，熄焦水闭路循环，实现了资源在企业内部最大限度的循环利用。泽州县东方实业、福盛钢铁厂、晋宏实业有限公司和晋城市健牛工贸有限公司等，都是循环型企业方面的优秀代表，均取得了良好的生态效益、社会效益和经济效益。

（三）原煤转化取得了长足发展

通过“煤转肥、煤转化、煤转电”，向外延伸产业链条，提升煤的附加值，这是晋城市发展循环经济的重要特点。2002 年，晋城市大规模发展合成氨和大颗粒尿素项目，经过几年努力，兰花集团化肥公司、天泽煤化工公司、兰花煤化工有限公司、晋丰化工公司、天脊中化高平化工公司、兰花阳化等一批大化肥项目已投产达效，兰花田悦“1830”大颗粒尿素项目已建成试车；永丰合成氨和尿素项目主体工程基本完工，兰花煤化工大颗粒尿素二期、兰花集团二甲醚一期工程、天泽煤化工煤气化工大颗粒尿素搬迁改造项目、晋煤集团煤基合成油等一批煤化工项目开工建设。目前，全市已发展规模以上化工企业 15 家，主要生产合成氨、尿素、甲醇、电石、糠醛、糠醇、甲酸钠等 30 多种产品，形成了 3×10^{6}t 大颗粒尿素、3.8×10^{5}t 甲醇的生产能力。煤转电项目，在充分论证、科学规划的基础上，继阳城电厂一期 $2\times(6\times10^{5}$kW) 工程完成后，二期 $2\times(6\times10^{5}$kW) 扩建工程、沁水鲁能电厂 $4\times(6\times10^{5}$kW) 项目、国投华实热电联供 1.2×10^{6}kW 项目一期工程也已建成投产。

（四）煤层气开发利用和农村新型清洁能源工程发展势头强劲

晋城市拥有全国 1/5 的煤层气储量，煤层气开发技术已达到世界领先水平，开发规模居全国第一位，而且在国内首先实现了规模化、商业化开发利用。晋城市煤层气储量为 $6.85\times10^{12}m^{3}$。含高浓度的煤层气矿井共有 138 座，约占全市矿井总数的 1/3。在煤层气开发利用方面，晋煤集团于 1997 年建成第一个 2×2000kW 煤层气发电站，1999 年又利用寺河矿井下抽采的煤层气，建成了 4×2000kW 发电站和 1×3000kW 蒸汽机组，经过两次扩建，装机容量达 1.5×10^{4}kW。2009 年 12 月，该集团潘庄井田已建成地面煤层气抽采井 490 口，成为国内最大的地面煤层气抽采井群。中联公司、大宁公司、中石油等，引进国际先进技术，积极参与煤层气的开发利用。全球最大的煤层气发电厂也已在晋煤集团寺河煤矿投产，总装机容量为 1.2×10^{5}kW。全市已建成煤层气发电厂 18 座、总装机容量

4.3×10^4kW，年发电量 2.58×10^8kW·h，年利用煤层气 $1\times10^8m^3$以上。截至2009年年底，晋城市5万户居民已用上煤层气，部分企业和市区一些宾馆、饭店、洗浴行业也开始使用这一新燃料。同时，煤层气燃料汽车已发展到近2000辆。2008年10月，晋城无烟煤矿业集团有限公司与郑州燃气集团有限公司签订了有关协议，项目建成投产后，每年向郑州提供 $8\times10^8\sim1\times10^9m^3$ 煤层气。

（五）循环农业备受重视

近年来，晋城市市委、市政府高度重视发展循环农业，通过大力实施农村沼气、秸秆气化等新型清洁能源工程，增加农民收入，改善农民生活环境和农村生态环境。几年来，市级财政已先后拨出5000万元专项资金用于农村沼气池、站建设。晋城市将农村沼气、秸秆气“户户通”工程作为推进社会主义新农村建设“农字一号”工程，全市12万农户用上了沼气、秸秆气，占全市农户的22%，居全省第一。

（六）资源综合利用率显著提高

近年来，从政府到企业越来越重视节约资源、保护环境，狠抓资源的综合利用、循环利用。在煤矸石利用方面，主要通过发电和生产新型墙体材料加以转化利用。截至2010年，晋城市投产煤矸石砖项目6个，其中年产6000万块矸石砖项目1个，年产3000万块矸石砖项目5个，全市年生产能力约为2亿块。泽州县以煤矸石、煤粉尘为原料的墙体材料生产企业达10余家，年消耗煤矸石超过 8×10^5t，占全县煤矸石年排放量 2×10^6t 的40%。在冶炼、焦化产业废弃物利用方面，重点推广高炉、焦炉尾气发电，高炉水渣直接用于水泥生产。

四、晋城市循环经济发展中的障碍

晋城市循环经济发展开端良好，成效明显。但是，也应该清醒地看到，晋城市循环经济发展目前尚处于探索和起步阶段，按照循环经济的内在要求和发展目标，在实施过程中，仍然存在着诸多问题和制约因素。

（一）认识不到位，对发展循环经济重视不够

发展循环经济是人类社会发展到一定阶段的必然选择，是重新审视人与自然关系的必然结果。20世纪60~70年代，人们逐渐认识到，把经济社会环境割裂开来去谋求发展，只能给人类带来毁灭性的灾难。循环经济在我国提出并作为一种全新的经济发展模式由政府大力推动，还是近些年的事情。因此，对循环经济的认识，必然要经历一个逐步深化的过程。特别是长期以来，在经济发展中过度强调发展速度和发展规模，忽视资源环境对人类社会的影响，把GDP的增长作为硬任务，用来考核和衡量党政领导的工作政绩。因此，在发展中无视资源环境对经济发展的瓶颈制约，对节约能源资源、保护生态环境、发展循环经济工作往往是说起来重要，做起来次要，摆不到领导者的案头。从企业来讲，习惯于长期以来形成的粗放型生产经营模式，节约资源、保护生态环境意识淡薄，建立在资源消耗和环境破坏基础上的发展观念还未从根本上得到扭转。因此，多数企业对发展循环经济的动力不足，积极性不高。

（二）总体规划和布局滞后，缺乏有效的统筹协调和组织实施

发展循环经济，破解资源环境约束，促进发展方式转变，这是我国的一项重大战略决策。2004年，我国首次召开了循环经济工作会议，2005年，中央将循环经济确定为引领中国未来的“国家发展战略”，同年，国务院出台了《关于加快发展循环经济的若干意见》。山西省也相继制订和编制了《山西省全面推进循环经济实施意见》和《山西省循环经济发展规划》。省内其他地市如吕梁、长治等地，也制订了相应的《实施意见》或《发展规划》。调查中了解到，和其他地市相比较，晋城市循环经济的发展步伐相对缓慢。2007年，全市只有高平市一家启动了循环经济规划的编制工作。他们专门聘请山西省循环经济课题组的专家学者，经多次深入实际考察调研，多方收集资料，2008年底初步完成了《高平市循环经济发展规划》。市里制订的《晋城市国民经济和社会发展第十一个五年规

划纲要》里，虽设专章对发展循环经济提出了要求，但至今还没有一部纲领性文件，对全市发展循环经济工作做出总体规划布局，提出发展目标任务，制定政策措施和机制保障，以及循环经济的资源效率标准、能源效率标准、废弃物排放标准等约束性指标体系。

（三）发展中存在诸多政策性障碍因素，企业自身难以解决

调查中了解到，由于鼓励和推进发展循环经济的政策措施不到位，一些企业在自主扩展和延伸内部产业链，进行循环生产过程中，往往遇到一些政策性障碍因素，给循环经济发展带来了许多问题和困难，这也在很大程度上影响了企业的积极性、主动性和创新精神。在兴高焦化、东方实业界、健牛工贸等企业，循环利用高炉和焦炉余热、尾气进行发电，有效利用了生产过程中的废弃物，减少了对环境的污染，节约了大量资源。但是生产出来的电力，必须上网才能使用，而且上网价只有 2 角多钱，而返购使用价却要 6 角钱，这样的电力价格政策，非常不利于循环经济的发展。

（四）责任主体不明确，缺乏有效的激励和约束机制

政府在转变经济发展方式，推进循环经济发展方面，处于主导地位，起着不可替代的引导和推动作用。从晋城市循环经济发展的现状来看，政府的作用远没有发挥出来。

一是粗放型经济发展方式转变缓慢。煤炭产业仍然是晋城市国民经济的支柱和财政收入的主要来源，对煤炭产业的过度依赖，影响着发展观念和发展方式的转变。到 2007 年 11 月，全市 70% 以上的工业增加值和 65% 以上的财政收入仍来自于煤炭开采和洗选业，沁水县甚至高达近 80% 的工业产值来自于原煤生产。

二是对宣传发动和教育培训工作重视不够。工矿企业和广大群众对循环经济的认识和理解还很浮浅，远谈不上自觉主动地用循环经济理念去发展生产、壮大企业。就是现有发展较成熟的循环型企业，其当初的本意也多是出于降低生产成本、实现利益最大化的考虑。

三是缺乏强有力的统筹协调和组织实施，部门之间各念各的经，

各唱各的调，很难形成全力推进循环经济发展的合力。晋城市至今没有一处能够真正起到典型示范作用的循环经济重点项目和工程。

四是基础工作薄弱，缺乏有效的激励约束机制，支撑循环经济发展的财税、土地、价格、金融、奖励、处罚等政策还不完善、不配套，影响了企业发展循环经济的积极性、主动性和创造力。

（五）资源循环利用和生态产业链的构建缺乏强有力的技术支撑

循环经济也可以说是一种技术经济。没有强大的技术作为支撑，发展循环经济只能是纸上空谈和美好愿望。从总体上来讲，晋城市科技基础薄弱，创新能力不足。建市20多年来，科学教育发展滞后，至今没有自己的本科大学和较为前沿的科研机构，新技术的开发主要依赖引进、吸收和推广。由于受科技水平落后的制约，长期以来，晋城市存在的新技术引进难、吸收难、推广难和利用难的问题一直未能很好解决。循环经济技术的开发利用也是这样。比如兰花集团制度规范、管理科学、实力雄厚，已形成了自己庞大的产业集群。虽然非常想、也有条件按照循环经济的理念，创新发展之路，但因为寻求不到延长产业链以及相关产业链接技术，而只好无奈地徘徊。再加上信息渠道不畅，供求双方难以很好地对接，企业急需的新技术、新成果、新工艺无法引进。就是在晋城市目前发展较好的循环型企业中也可以看出，由于缺乏重要的技术支撑，已经发展起来的循环模式，存在着循环链条不长、链条上科技含量不高，企业内部循环多，企业之间循环少，纵向循环多、横向循环少等问题。

（六）工业园区过度追求专业化，循环链条难以对接和延伸

工业园区和产业集群是发展循环经济、实现新型工业化的重要载体。晋城市现有晋城经济技术开发区国际铸造工业园、巴公化工工业园区、阳城县建筑陶瓷工业园区、高平西部化工工业园区、高平特色铸造工业园区、南村工业园区、陵川县礼义工业园区等。从目前这些园区企业的布局来看，多数为产业集群。如：巴公化工工业园区和高平西部化工工业园区，主要以无烟煤为原料，生产化肥及化工产品；晋城经济技术开发区国际铸造工业园和南村工业园区，

则是以生铁铸造为主；阳城县建筑陶瓷工业园区，则主要生产建筑陶瓷和卫生洁具。以上这些工业园区，产业集中度高，具有很强的专业化色彩。虽然相同或相似产业集聚发展，可以形成规模效益。但是，由于产品单一，上下游产业脱节，难以形成彼此之间的链接，不利于循环经济的形成，很难建立起园区系统内资源—能量—产品—废弃物—资源化—再利用的循环网络。而且企业之间还容易出现恶性价格竞争。高平特色冶铸工业园区和陵川县礼义工业园区为综合性工业园区，上下游产品之间具有较强的关联性，易于链接，已初步形成循环式生产。但是，产业链的延伸和耦合还有待于进一步加强。

五、晋城市循环经济发展战略

晋城市要实现既定的奋斗目标，全面实现小康，希望在于循环经济，出路在于循环经济，走出一条晋城特色的发展循环经济之路，不仅是晋城市经济转型的需要，更是加快晋城经济社会全面、协调、可持续发展的必由之路。

（一）提高认识，转变观念，加强对发展循环经济的组织领导

各级领导要从战略的高度去认识、用全局的视野去把握发展循环经济的重要性和紧迫性，进一步增强自觉性和责任感。在大力推进循环经济发展过程中，要高度重视政府的主导地位和推动作用，尽快成立晋城市循环经济工作领导组，真正把发展循环经济工作经常抓在手上，加强组织领导，全面推进循环经济在晋城市的发展。要统筹协调相关职能部门，形成共同推进循环经济发展的合力，在实施过程中分解目标任务，责任到人，各负其责，实行工作问责制。

（二）编制总体规划和科学布局，将全市循环经济发展引入快车道

要建立循环经济规划制度，加强对全市发展循环经济的专题研究，以科学发展观为指导，立足于煤炭资源型产业结构特征，围绕新型能源和重化工基地建设的目标，对全市发展循环经济工作进行

总体规划和科学布局。在生产、流通、消费、回收等环节落实循环经济理念。在企业、行业（产业）、园区、社区、区域等多个层次着力推进资源循环式利用，产业循环式组合，区域循环式开发，建立适合晋城市产业特点的循环经济发展模式、适用范围、主要内容、重点任务、目标体系和保障体系，提出循环经济的资源效率标准、能源效率标准、废弃物排放标准。要建立循环经济统计制度，加强资源消耗废弃物产生量和综合利用情况的统计工作，并将主要统计指标定期向社会公布，促进晋城市循环经济的发展步入快车道，实现“资源—产品—再生资源”为特征的社会大循环、园区中循环、企业小循环的发展目标。同时，加快节能、节水、节地、节材、资源综合利用、再生资源回收利用等循环经济发展重点领域专项规划的编制工作。建立科学的循环经济评价指标体系和发展循环经济战略目标及分阶段推进计划。

（三）按照循环经济发展理念，建设工业园区和农业园区

园区建设要体现推动产业集聚发展、企业集中布局、土地集约使用、污染集中处理和废弃物循环使用的功能。晋城市今后在园区的发展建设上，一定要按照循环经济发展理念，做好前期科学规划，合理布局，避免重复“先发展、后治理”的老路。要搭建设施完善、功能齐全的招商引资平台，营造良好的基础环境，加强基础、政务、土地、政策、市场、法制、安全等软环境建设。要以科技为支撑，以高新技术嫁接、改造传统产业为手段，着力促进园区内各类产业、企业进行废弃物交换利用、能量梯级利用、土地集约利用、水资源逐级利用和循环利用，共同使用基础设施和其他公共设施。在引进入驻园区的项目上，必须进行环境影响评价，考察项目的关联度，把好入口关。不仅要控制污染，保护园区生态环境，还要看项目的科技含量，看项目在园区产业发展中的“链接性”，特别要注重引入具有“补链”和“延伸链条”作用的项目，实现园区层面上的“链式发展”，使园区内企业之间形成一批相互对接、相互支撑、相互促进、互为供求、综合利用的高新技术产业链群，实现经济、社会、环境效益的和谐统一。

（四）构建政策支持体系，完善配套激励约束机制

在推进循环经济发展的进程中，要坚定不移地遵循循环经济的发展理念，按照党和国家的决策部署，深化改革，建立健全反映资源稀缺程度、供求关系、环境成本和价格形成机制，依法建立合理的激励机制，调动企业主体走循环经济发展道路的积极性。要完善循环经济政策支持体系、技术创新体系和激励约束机制。市县两级政府要建立循环经济发展专项基金，对于重点项目和示范项目，要给予资金补助或贷款贴息支持。实行有利于循环经济发展的价格、收费政策。

（五）加强技术支撑体系建设，增强循环经济技术创新能力

循环经济的建设和发展，迫切需要高新技术的强力支撑。要发挥政府统筹协调功能，采用各种鼓励和优惠政策，千方百计引进人才、留住人才，加强科技队伍建设，提高晋城市科技创新能力；要安排财政资金，吸引社会资金，组织力量进行科技攻关，力争在资源节约和替代技术、能源梯级综合利用技术、延长产业链和相关产业链接技术、废弃物的资源化利用技术、废旧产品和物资的回收及再生利用技术、高效生态农业发展及农业废弃物综合利用与处理技术、城市生活垃圾资源化技术等方面有所突破，加快晋城市循环经济发展；在招商引资中要转变观念和方式，由招商引资变为招商引“智”，引来高科技含量、新技术装备、新工艺水平的项目；要以项目为依托，推进循环经济技术装备的研发制造和改进，通过生产工艺、生产设备的改进和管理进步，推进企业清洁生产和资源循环利用水平，促进循环经济的发展。

（六）广泛开展循环经济与环境保护的宣传教育，建设社会层面上的大循环

要在全市范围内，采取多种形式，广泛开展循环经济、节约资源和环境保护的宣传教育活动。要提高全社会对循环经济的认知程度，使更多的人树立可持续的绿色消费观和节约资源、增强保护环

境的责任意识，自觉参与循环经济建设，逐步使节能、节水、节材、节粮、垃圾分类、减少一次性产品使用等变为全市人民的自觉行动。要对政府领导干部、公务员、企业家、技术人员和员工开展多层次的培训工作，并发挥他们在推进循环经济发展中的主体作用。要在大、中、小学校开展国情、省情及市情教育，编发节约资源和保护环境的教育手册，将可持续发展观普及到每个孩子身上。要加强舆论监督，通过媒体及时报道全市发展循环经济的情况，吸引和激励公众的广泛参与，使发展循环经济、建设资源节约型与环境友好型社会，成为全市人民的自觉行动。

六、晋城市发展循环经济的具体措施

（一）构建循环型农业

贯彻循环经济理念，因地制宜地规划和组织实施农业综合生产体系。把传统农业技术和现代农业技术相结合，实现由资源浪费的粗放经营向资源节约的集约经营转变，促进农业生态系统物质、能量的多层次利用和良性循环，实现经济、生态和社会效益的统一。

1. 打造现代高效农业体系

加强农业基础设施和生态环境建设，改善农业生产条件，提高农业综合生产能力，着力解决制约农业生产的关键性因素。在治理措施上，坚持田水山林路综合治理；在开发对象上，坚持农林牧副渔综合开发；在开发效益上，坚持经济、社会、生态效益的有机统一。

因地制宜，突出地方特色。农业综合开发根据当地自然资源、立地条件和经济基础等特点，宜农则农，宜林则林，宜水则水。在抓特色的同时，重视规模化开发，在项目区大规模、集中连片进行土地治理，重点突出优质高效农业产业基地建设，积极发展特色优势产业，把扶持地方优势产业作为培育县域经济增长点的关键来抓，有效地推进项目区农业产业化进程。特色优势产业（陵川的中药材、高平的设施蔬菜、钙果、草莓，阳城的仁用杏、“大红袍”花椒，泽州的巴公大葱、食用菌，城区的玫瑰，沁水的干果林等）迅速崛起，传统优势产业（生猪、奶牛等）进一步发展壮大，现代高效农业体系发展初具规模。

2. 加快农业产业结构调整

调整农业产业结构，促进农业向无害化方向发展。循环农业建设重要目标之一是农业生产过程对生态环境和人体健康的无害化。循环农业采用环境友好型技术，按照无害化要求组织生产，引导农业产业结构向无害化方向调整。

积极培育无公害农产品。实施化肥的减量与精量使用，推广高效低毒、低残留农药，减少化肥用量，提高化肥利用率。用生物农药替代化学农药，以高效无害化配方饲料降低“畜产公害”，以可降解农用薄膜替代不可降解的塑料薄膜。提高农用地膜回收率，推行秸秆还田。

3. 发展生态农业模式

积极推广节地、节水、节种、节肥、节药等技术，发展设施农业，建立品种优质化、生产集约化、产品安全化、管理科学化的新型生态农业模式，培育小杂粮、干鲜果、马铃薯、蔬菜、长山药、畜产品、中药材、食用菌等8大绿色无公害农产品。

4. 建设生态农业示范园区

根据各功能区域农业发展的区域条件和生态资源优势，优化平川、山区、畜牧区的农业生产布局，围绕8大优势农产品，建设一批市场相对稳定、规模较大的具有特色优势的红枣、核桃、长山药、大棚蔬菜、中药材、养牛等无公害、绿色、有机农产品生态种养基地，形成明显的产品和产业竞争优势。同时，推进农业产业化向深层次发展，建立农产品生产加工、销售联结机制和市场准入机制，推进标准化、集约化、无公害化生产，形成一批绿色农业产业综合开发园区，建成一批绿色农产品种养加一体化园区，着力提高生态农业的竞争力和经济效益。

5. 建设城市型生态农业

在城郊科学布局、合理发展种植业、养殖业、林果业、农副产品加工业和休闲旅游业，满足城市生活需求；充分利用城市中水和生活垃圾，在城市和农村间构建物质循环利用、能量和水资源梯级利用的网络，构筑起以城市为核心的城郊型生态农业发展模式，为农业发展提供新的增长点。

（二）构建循环型工业

工业循环经济的建设是发展循环经济的核心。在国家产业政策指导下，以市场需求为导向，对区域工业经济的空间布局和结构布局进行优化重组。发展以优势工业为主干的产业链，提高物质循环与减量化水平。用生态化和信息化指导工业企业的升级改造，发展高新技术产业，转变经济增长方式。优化能源布局、能源结构和能流关系，逐步实现工业经济空间布局、产业结构和生产过程的生态化，全面创建循环型工业经济体系。

1. 结构调整

在现有的工业基础上，以市场为导向，以提高市场竞争力和发展特色工业为重点，以"资源能源消耗低、效益高、污染小"为原则，以改造一批、壮大一批、培植一批、淘汰一批为手段，以经济、社会、环境协调发展为目标，推进工业结构战略调整。改造能源资源消耗高、排污量大但效益相对较好的工业企业，壮大科技含量高、经济效益好、资源消耗少、环境污染少、人才资源优势得到充分发挥的新型工业企业，培植对生态工业园建设有关键补链作用和具有发展潜力的新型企业，淘汰生产工艺落后、能源资源消耗高、排污量大的工业企业。具体措施有：

（1）集中培育发展大型企业集团，培植壮大主导产业。实施集团带动战略，依托现有企业，特别是重点骨干企业，以产品为中心、市场为导向，以资产为纽带、配套协作关系为基础，优化资源配置，迅速扩大企业规模和提高生产水平，培育和发展一批拥有自主知识产权、主业突出、吸引力强的大公司企业集团，发挥规模效益，促进循环经济发展，形成比例合理、结构完善的产业链和产业群，以此推动工业污染的治理，使其尽快走上良性循环的轨道。抓住全省建设新型能源的工业基地的战略机遇，加快产业结构优化升级，用高新技术和先进技术改造提升传统四大支柱产业，即煤炭、焦炭、冶金、电力，提高综合竞争力；大力培育四新支柱产业，即煤化工、装备制造、材料工业和旅游业。

（2）大力发展高新技术产业。高新技术产业是区域发展的新的经济增长点，应按照有限目标、集中力量、重点突破的原则，以电子信息、生物工程、新材料、先进制造、高效节能和环保技术等为重点发展领域，加速高新技术的产业化，形成新的工业增长点。

（3）改造提升传统产业。用高新技术和先进适用技术改造具有发展优势的传统产业，注重提高产品质量，增强发展后劲。晋城市煤炭、焦炭、冶金、电力以及建材等产业有较好的基础，要优先进行改造，提高技术装备水平、生产规模和生产效率，提升产品档次和质量，打造一批优势企业和名牌产品，提高市场竞争力。

（4）加速淘汰落后产业。根据《山西省产业政策指导目录》和国家产业政策，坚决关停、改造和取缔落后生产力、落后生产工艺装备、落后产品的生产企业，淘汰高能耗、高污染、低附加值的落后工艺和产品。认真执行国家制定的有关高耗能（耗电）、耗水最高限额（定额）、能效标准，严禁生产、销售和使用国家明令淘汰和达不到能效标准的用电、用水产品。对违反国家法律与规定的企业，必须限期治理改造，改造后仍未达到要求或逾期不治理的，有关行政主管部门要坚决依法查处。

2. 构筑优势特色产业集群

对有市场前景、具备一定产业集群基础的铸造业、锻造业、制品业、水泥业、泵阀制造业、钾盐化工等传统优势特色产业，要运用清洁生产技术、节能工艺、自动化成套设备等来改造提升；通过发展精细化工、不锈钢制品新材料等后向原材料产业，扶持发展环保设备制造业、信息服务业等前向产业，形成产业间物质、能源、信息循环的耦合共生体系。

3. 推行清洁生产

贯彻实施《清洁生产促进法》，重点在煤炭、炼焦、钢铁、燃煤电厂、煤焦油加工、化工、机械铸造等重点资源消耗和污染排放行业全面开展清洁生产推广，实施清洁生产审核，促使企业使用清洁能源、再生能源，对常规能源实行清洁利用，注重新能源的开发和各种节能技术的开发利用。生产过程中少用和不用有毒、有害的原料，采用无毒、无害的中间产品，选用少废、无废工艺和高效设备，采用可靠和简单的生产操作和控制方法，对物料进行内部循环利用，完善生产管理，不断提高科学管理水平。推行产品生态设计，从源头预防污染、减少资源消耗，构筑新的生产和消费体系。加强企业环境管理，鼓励企业进行ISO14001标准认证，创建环境友好型企业。

4. 循环型工业园区

工业园区是循环经济发展的重要载体。以工业园区的生态化作为发展循环型工业的有效途径，充分发挥工业园区在工业生产组织中的重要作用，推动生态工业示范园区建设。具体措施有：

（1）优化整合工业园区。以市场为导向，统筹规划管理，加强土地资源控制，建立入园企业的经济和资源环境综合控制要求，制订生态工业园区建设管理办法和实施方案，优化调整晋城市各级各类工业园区，加快城市工业企业向外围工业园区转移。按国家级、省级和县市行业三级定位，整合提升全省工业园区层次，避免盲目竞争和不合理的圈地行为。在国家级和省级工业园区发展基础上，以配套互补、合作衔接为原则，突出特色产业和主导企业的发展，提升园区产业素质和竞争力。合并或取消水平低、规模小、缺乏竞争力的工业园区。

国家级和省级工业园区要推进产业集聚耦合，培育产业群体竞争强势，建设成为规模化系列名牌产品和企业的集聚区，形成区域经济增长的强大凝聚核心，辐射和带动区域经济的快速增长。

县市级工业园区要紧密结合地方优势，根据市场需求，做好煤化工、冶金和装备等基础产业的配套服务，壮大发展新材料和医药等高新技术产业，培植发展物资回收、物流配送和废物消纳等循环型产业。

（2）生态化改造工业园区。选择基础条件好、具有一定产业集群、主导产业集聚度较高的工业园区或产业基地实施生态化改造。在园区内形成完善的产业链，实现企业清洁生产、资源最大化利用、有毒有害废弃物无害化处理，作为循环经济发展的突破口和抓手。经过生态化改造的工业园区，要提高后续入园企业生态门槛，引进高新技术产业，推动清洁生产，依据工业生态原理设计启动生态园区建设。

通过集群化发展、专业化分工，加强产业链建设，增强园区产业之间的关联度与共生性，实现园区内资源的梯次循环利用，形成一个相互依存的产业共生系统。

通过不断改善管理、改进设计、改造设备，使用清洁能源和原料，大力推行清洁生产，集中无害化处理工业“三废”，从源头削减污染，提高资源利用率，建立园区内的循环流程体系。

（三）构建循环型服务业

服务业具有能耗低、污染小、附加值高等特点，是转变经济增长方式的重要途径，是衡量现代化经济的一个重要标志，大力发展现代服务业是加快工业化、现代化的必然要求。目前，晋城市服务业的发展水平已不能适应经济持续健康发展的需要，要紧紧抓住全省建设新型能源和工业基地的战略机遇，以积极和开放的姿态，采取切实有效的措施，加快服务业发展。

循环型服务业是循环经济的有机组成部分和纽带，包括生态旅游、绿色物流、信息服务业以及环境服务业等。通过运用市场机制和完善多元化的投资机制等有效渠道，大力发展第三产业，建立现代化服务业体系。其中重点发展有利于发挥比较优势的生态旅游业、现代物流业等，促进第三产业的增长。

发展九大循环型服务业。一方面，巩固发展商贸物流、金融保险、旅游、社区服务业、房地产等五大传统优势服务产业；另一方面，加快培育四大新兴服务产业，即信息服务业、科技服务业、环境服务业、物流服务业等。坚持现代服务业与先进制造业联动，互相促进，共同发展。消除服务业发展的体制障碍，积极引进外资和民间资本发展服务业，尤其是新兴服务业。允许各类资本进入法律未禁入的服务行业和领域，鼓励外资和非公有制经济以灵活多样的形式在更广泛的领域参与晋城服务业的发展。

1. 加快发展生态旅游

按照“统一规划、重点建设、合理开发、有效运营、严格保护、永续利用”的原则，对旅游业进行配套改革，形成集旅游、观光、休闲、度假，甚至“发现之旅”的现代化旅游，开发旅游精品，构筑集“食、住、行、游、购、娱”于一体的完整产业链。根据风景旅游资源的容量，科学安排与控制旅游接待规模，合理开发利用地质遗迹、森林、山水、溪流等各类风景旅游资源，合理安排生态旅游网络和旅游线路。打造六大龙头景区、建立五大要素中心、开发五类旅游产品、实施八大营销策略、推进八项文博工作。丰富的自然景观和深厚的人文内涵是晋城市可持续发展的地面战略资源，要把旅游产业作为实现转型发展的重要途径，作为全市经济社会发展的重要支柱产业，作为带动现代服务业发展的龙头以及富民工程来培育，大力提升“神奇太行·经典晋城”的知名度和影响力。加速旅游资源优势和文物资源优势向经济优势和文化优势的转化，实现旅游开发和文物保护的超常规、跨越式大发展，促进晋城市经济社会转型跨越发展。

在全市星级饭店开展以减少环境污染、节能降耗为核心内容的“绿色饭店”创建活动，在主要景区尽可能地使用太阳能或电能驱动的生态交通工具，或者以步代车。开展生态旅游示范区的创建活动，在各旅游区推行环境管理体系认证、清洁生产审核、生命周期评价和绿色开发与消费等活动。

培育市场主体在管理体制、经营机制、旅游设施、策划能力、营销方式、人才配备和素质等方面加大力度，增强竞争力。完善金融、保险、邮电通讯、交通运输、酒店住宿等旅游配套服务。

塑造旅游形象，重点宣传晋城的总体旅游环境。增加旅游宣传促销的经费投入，编制高质量的旅游宣传册，让人们更好地认识、了解晋城市。

发展旅游电子商务，加快旅游信息系统建设。借助高科技手段，建立旅游电脑资料库，为客户提供城市简介、旅游景点、线路、酒店、票务、旅行社、交通、餐饮、娱乐项目、天气、导游、企业动态信息、报价等相关旅游信息，强化旅游网站建设。

2. 大力发展生态物流业

推进综合生态物流园区的建设，培育壮大一批生态物流企业。加强对物流企业的管理，控制物流活动中的污染发生源。加强指导，促进企业选择合适的运输方式，完善运输管理制度，提高配送效率。加强生态物流标准建设，推进物流经营者物流运作的绿色化，包括绿色运输策略、保质保鲜技术、绿色包装等，采用减量化、可降解的绿色包装，实现包装多次、反复使用，健全物流企业经营资格制度。依托区域交通区位优势，结合国家一、二类交通枢纽，充分发挥物流的导向作用，着力发展煤炭、焦炭、钢材、煤化工、农副产品等专业物流基地。整合社会的仓储、运输、分装等资源，建设辐射周边省份的现代物流组织和多层次、社会化、专业化的现代物流网络体系。

3. 大力发展环保产业

通过机制创新、市场创新和技术创新，大力发展环保服务体系，并坚持社会化、企业化、市场化、产业化的原则，打破环保产业服务领域的垄断经营，放宽市场准入，引进竞争机制，鼓励服务企业优化组合，并推动建立以资金融通、工程建设、设施运营和技术咨询、信息服务、人才培训等为主要内容的环境服务体系，提高环境服务业在环保产业中的比重。引导科研机构、大专院校与企业合作，加强清洁生产技术、环境污染治理技术和节能降耗技术的开发、引进推广工作，促进经济增长方式的转变，为晋城市建成循环经济示范区提供技术支撑。

4. 构筑现代信息服务平台

加强信息网络基础设施建设，鼓励信息服务业务交叉和服务企业的发展，形成竞争开放的信息服务市场格局。大力发展信息服务业，打造“数字晋城”，构筑电子政务、电子商务等多层次的信息平台，为社会提供大量精确的、可查询的信息，增强信息资源对物质资源的替代功能，促进服务资源投入的减少和服务成本的降低。在产业的研发、设计、生产、管理、营销的各个环节采用信息技术、信息系统和信息网络，以重组流程，整合资源，降低资源消耗强度和对环境污染的破坏强度。

5. 改组改造传统服务业

（1）商贸流通业。运用信息技术，改造提升商贸流通、餐饮等传统服务业。用循环经济的理念指导商贸、餐饮业发展，推进节约资源和能源。加快农贸市场整治，推进生鲜超市建设，构筑绿色农产品流通网络。

建成和完善有区域性影响、专业化经营的大型批发市场。完善行业协会，充分发挥其在行业内的自律作用和沟通政府与企业的桥梁作用。

（2）金融保险业。金融保险业应进一步向生产和环保领域渗透，建立起多层次的保险体系，壮大服务功能，增强金融服务业的辐射集散能力和效益，提升服务质量和水平，建立具有高效服务功能、防范和处理金融风险能力的金融保险体系。

（3）社区服务业。建立健全社会化服务组织，形成社区服务网络，加快社区服务由福利型向经营型转变。积极引导高层次合理消费，促进大众文化、全民健身等新兴服务业的发展。鼓励发展城市绿化养护、环卫保洁、车辆看管，逐步实现社区化、规范化、产业化。加强社区服务业设施和网点建设，在中心城市居民密集区，建立社区服务公司。鼓励多种所有制经济兴办社区服务业，尽快实现市场化、专业化、网络化。

（四）构建循环型社会

1. 构筑资源循环型城市体系

制订科学合理的循环型城市建设规划，完善循环型城市建设的组织体系与管理体制。建立以清洁能源为主体城市能源体系，减少不可再生资源的消耗，保护和充分利用可再生资源。加强城市环境基础设施建设，大力发展城市垃圾和废旧物资回收处理的静脉产业。加大城市环境综合治理力度，加强公共绿地、居住区绿地和风景林地建设，形成点、线、面结合的绿地系统，建成一批环境优美、服务配套的生态居住区。依靠科技进步和技术创新，建立强有力的技术支撑体系。完善可持续发展的法律法规与政策体系，提高全社会的环境保护意识和资源节约意识，增强生态城市建设的公众参与度。

2. 创建国家环保模范城市

通过创建活动，调动各方面的积极性，把环境保护和生态建设渗透到城市和农村、经济和社会的各个层面中并结合起来，完善各种创建指标体系，突出重点，加强分类指导，调整优化产业结构，开展环境综合整治，加强基础设施建设，推动以循环经济为核心的经济运行模式，全面推进环保模范城市建设。

3. 建设循环型社区

建设节约型小区。住宅小区的设计以及建材选择应充分考虑采暖、保温以及节约资源的需要，禁止使用实心黏土砖，推广粉煤灰、建筑垃圾等废弃物生产的再生砖。居民住宅应全部符合节能建筑新标准。建立小区的中水回用系统和雨水利用系统。

推广新型能源。大力提倡使用太阳能，新住宅区要实施太阳能热水器与住宅楼顶的一体化设计与施工，并预留热水器管道。配套设施应尽可能采用自然光，或采用太阳能照明，减少电力照明。农村绿色社区建设，要尽量避免焚烧秸秆，采用腐烂还田、作饲料、制沼气、制作纤维板等方式的资源化利用。有机垃圾采用喂养牲畜、集中腐烂作为有机肥、自然净化等方式实现资源化与无害化处置。废织物、废塑料、废金属、废橡胶等进行集中回收利用。创造条件对生活污水进行分散或集中处理，对人畜粪便加以处理，作为农家肥或进入沼气池。

4. 建立农村三级循环体系

建立农村区域内部循环体系。按照生态学规律，构建农业生态系统。实现人畜粪便的集中利用和有效还田，秸秆的集中利用和还田，乡镇企业污水的无害化排放，化肥、农药、农膜的减量化使用，生产生活垃圾的有效处理。

建立中心镇循环体系。以城镇为中心进行整体规划，建立具有城镇特色的生态系统，使农村生产生活中垃圾、污水与乡镇企业污染得到及时、有效的处理。

建立城市、镇（区）、农村的总体循环体系。应充分考虑城市、镇（区）、农村三者之间的物质交换，由农村进入城市的农产品尽可能经过初级加工处理，产生的垃圾就地还田。城市的人粪尿作为肥料进入农村的作物种植。农村产生的无机垃圾和有害垃圾，纳入城镇垃圾处理的总体规划。

第二节 晋城市生态环境建设的构想——建设生态城市

晋城市目前的生态城市发展水平，还处在城市生态化发展的生态整合阶段向生态文明阶段过渡，建设生态城市离不开前瞻性的思想和理论指导，更离不开各行各业人们生态城市价值观的建立和创造性的工作方法、手段、技术的应用。晋城市提出的“五市”创建目标，是一个包括经济发展、社会进步、精神文明建设和环境改善的综合目标，它们相互关联，相辅相成。在实施城市生态化过程中，重要的是要有良好的融资模式作保证，晋城市三管齐下，一是积极争取上级工程和项目，主要用于山上治本；二是加大地方财政投入，主要用于身边增绿；三是引导社会资金投入，主要是部门单位和企业，尤其是煤炭企业注入资金参与绿化，加大征收义务植树以资代劳绿化费。结合晋城市生态化城市建设经验，对生态城市建设提出如下策略。

一、广泛持久地进行全民的发展教育和环境教育

建设生态城市，关键在于人，在于人们的思想意识。因此，首先要广泛开展保护生态宣传教育，普及环境科学知识，强调公众参与，增强建设生态城市的积极性和自觉性，增强生态化的责任感和使命感，提高全社会的生态环境意识和可持续发展意识。倡导生态文明，把生态文明建设纳入到城市精神文明发展规划中，营造全社会关心、支持、参与生态城市建设的舆论氛围。其次，要大力倡导绿色生活理念，引领健康生活方式。目前国际上倡导的绿色生活方式要求遵循"5R"原则（Reduce，即节约资源，减少污染；Reevaluate，即绿色消费，环保选购；Reuse，即重复使用，多次利用；Recycle，即分类回收，循环再生；Rescue，即保护自然，万物共存）。生态城市建设必须倡导绿色生活，遵循"5R"原则。

二、生态城市建设也应从城市规划入手

城市规划决定城市未来的发展和布局，是城市发展的蓝图和建设管理的依据。瑞典斯德哥尔摩哈马碧生态城市建设的经验值得借鉴。作为新城区建设，他们坚持综合规划在前，土地开发在后。首先，确定目标，即这个城区要建成生态宜居和环境友好的社区，其整体环境负荷与20世纪90年代建设的小区相比要减少一半。其次，根据确定的总体目标，对城市建设的土地使用、交通、建筑、能耗、给排水、垃圾处理等各个方面制定出严格的、具体的环境指标。第三，城市规划涉及众多部门，而且这些指标需要通过各有关部门的工作去实现。为了形成合力，确保信息及时沟通、决策得以实施，采取了相关部门派人集中办公的方法，共同制订规划。第四，为使严格的环境目标得以实现，注意引进最先进的环境和能源技术，并尽可能做到各种废弃物循环利用。针对晋城市的实际，在进行生态城市规划时要做到以下几点。

（一）突出地域特色，高起点规划城市建设

城市建设规划先行。城市规划是城市建设的起点和龙头，是城市建设管理的纲领和依据。要根据东部、西部和南部群山连绵、山崇岭峻，北部和中部丘陵起伏、盆地相间的地理特征，以及地下矿产资源分布状况和大量的城中村住宅格局现状，科学合理规期产业布局、物流交通、住宅小区、市政环保设施。牢固树立“完善科学的规划是最大的节约和效益，错误滞后的规划是最大的浪费和破坏”的观念，坚持规划先行，在规划指导下积极推进城镇化建设进程。在规划的制订上，坚持从实际出发，发扬民主、科学决策，广泛听取各方面意见，充分发挥专家学者的作用，使规划更加符合规律。按照科学合理、特色突出、个性鲜明，山、水、园、林相互衬托。景点、建筑互映生辉的要求，编制控制性详规以及城市供排水、环卫、绿化、公交、供热等专项规划，对城镇山体、水面、主干道、风景区、出入口、旧城区等重点区域加强控制，形成大规划套小规划，既着眼于长远发展，又满足近期建设需求的规划体系。

（二）重视可持续发展模式，科学规划与设计

可持续的城市发展，首先就是要按照自然界的规律，以一种合作友好的姿态去对待环境。以理性的规划与设计思路，尊重大自然这个巨大的可持续发展的生态系统。既可以从大自然的完美生态循环系统中学到许多知识，而且还可以应用在将来的规划设计中。追求可持续的城市发展，一个基本的原则就是不要粗暴地采取一切不合理的行动简单地对待环境。必须停止一切破坏大自然和人居环境的规划、建设行为。在面对可持续发展处理发展和保护这两个经常性对立矛盾的问题时，必须严格思考，如何全面协调、可持续一个城市发展过程。在坚持尊重当地自然和地方文化特征的基础上，找到提高城市基础设施的有效性和环境质量的最合理的方法，达到人与自然的和谐共处。比如，晋城市区中心原有的东西两河，改造以前污水横流，臭气熏天，尤其到夏季，苍蝇蚊子满天飞，两岸居民门户紧闭，苦不堪言。在市委、市政府的科学决策和领导下，两河

改造规划建设胜利完成，过去的臭水沟变成了如今的百丽园、西秀园等几处园林景观。一条清澈河流自由地流淌，绿树青草、苍松翠柏、喷泉飞瀑、石阶吊桥。目前的景观格局非常好，包括了许多自然人文景观的要素，成了居民休闲娱乐、晨练放松的好去处。还有2008年12月31日竣工通车的晋济高速公路，在设计、建设中充分考虑并最大限度实现了自然原始景观的保护。它们成为此方面的典型工程。

（三）以人为本规划建设生态小区

生态小区是通过调整人居环境生态系统使小区成为具有自然生态和人类生态、自然环境和人工环境、物质文明和精神文明高度统一、可持续发展的理想城市住宅区。生态小区空间结构合理、基础设施完善，人工环境与自然环境融合。它符合城市规划和区域规划，是生态宜居城市的一部分，体现了所在城市的风貌和特质。生态小区的建设还会实现节能、节地、节水、低污染以及物业等的有效管理，为城市和小区自身环境改善带来强大动力。

1. 充分利用太阳能

太阳能是绿色能源中最重要的能源，是取之不尽、用之不竭、广泛存在的天然能源，其优点是极为丰富、洁净、安全、廉价。目前，在住宅区中太阳能的利用主要有三个方面：太阳能热水器、太阳能空调和太阳能电池。随着科学技术的进步，太阳能利用的范围将会更广，能量转换效率将会更高。晋城市在充分利用太阳能方面也仅有太阳能热水器这一项，发展空间和潜力还很大。

2. 合理利用水资源

晋城是个水资源缺乏并分布不均的地区，一些地方一方面缺水严重，另一方面又浪费严重。节水的关键措施还是“开源节流”。居民对水的消费主要是饮和用，其中饮食用水量约占总消费量的5%，其余95%用于洗涤、排污等。在住宅小区，根据两种用途设置A、B两套供水系统。A系统专供饮用水（包括冲茶、洗米、洗菜、煮饭)，这个系统的水必须是符合饮用水标准的洁净水。B 系统专供使用水，这个系统的水应该循环使用。将住户洗菜、洗衣、洗澡的水以及屋面雨水、地面雨水引入蓄水池内，进行过滤、净化、去污等物理、化学处理，再输入住户的“使用水管”，供洗地、洗车、绿化、水景、冲厕、排污等使用。这个系统的水循环使用，可节省大量的用水。

3. 科学规划住宅用地

随着经济的高速发展，土地资源逐年减少。关于住宅小区的节地问题，应从三个方面着手：

（1）容积率控制在合理的水平，并非越低越好；

（2）停车场架空或入地，即建造立体化的多层停车场或地下、半地下停车场；

（3）从节地与节能两个因素综合考虑，宜建造多层和小高层公寓，控制建设单门独户的别墅，尤其是依山傍水、景观优美的“风水宝地”更不应建造高档别墅和私家花园供极少数人享用，而应建造小区公园等公共设施，供大众享用。

4. 高标绿化居住小区

居住小区绿化是城市园林绿化中的重要组成部分，也是生态城市建设的点睛之笔。在人们居住地中间建设一些绿地和绿化设施，给人们创造了一种枝繁叶茂、优美舒适的生活、休息环境。人们可以在紧张的工作和生活之余来到这些舒适、恬静的自然环境里调剂精神、陶冶情操。因此，小区绿化也成为了城市居民日常生活不可缺少的生活空间。近年来，小区绿化的功效越发显现，居住小区环境绿化、美化以及提高其质量的要求也越来越高，居住小区绿化在理论上也具有了相对的科学性。

小区内的绿地给人们提供了活动和相互进行交往的场所，人的一生约有 1/2 以上的时间是在居住环境中度过的，小区绿地又是人们居住环境不可缺少的户外生活空间，是人们休息活动与人际交往的最佳去处。在这种空间里，人们感到舒适，可以自由自在地进行交往活动。

无论老年人，还是小孩子，都需要有较大的遮阴树、各种植被和适量的休息设施。在居住小区绿化设计中，应该把满足居民进行活动和交往的需求作为小区发挥绿化功效的需求，列为设计的重点。绿地使用方式体现了绿地的使用功能，研究它与铺装的比例关系，也是设计中考虑发挥小区绿化功效的一个重要方面。小区绿地的使用功能可以满足体育活动需要的绿地，满足以安静、游憩与兼顾活动需要的绿地或休息为主的绿地。由于绿地的使用方式不同，随之带来的必然是铺装款式不同和大小不同的变化。设计中考虑小区绿化功效时，首先从小区相对稳定的居民数量上来确定铺装面积的大小，以适应居民进行各种活动时对场地的需要。如设计以游戏、体育活动为主的绿地时，先估算居民中进行体育活动的人数比例，再按照活跃空间的人均绿地面积 3 ~ 10m^2，测算出该绿地面积，加上所需的铺装面积数，一并计算到设计中去。发挥绿化小区功效，还应注重“因地制宜”，建设中克服盲目性和避免千园一貌的重复性。使合理舒适的绿化居住小区越来越多，与晋城市已有的和在建的森林公园、西部横断山脉、出入口通道、市区道路、市内公园、广场、公路等绿化工程相得益彰。

三、加快基础设施建设与重视生态保护

城市基础设施状况是城市发展水平和文明程度的重要体现，是城市环境保护和经济社会协调发展的物质条件。城市基础设施除了传统的交通、能源、饮水、通讯等方面外，还包括环境保护、生态服务、减灾防灾、信息网络等新的领域。当前，城市基础设施建设特别是与环境相关的基础设施建设滞后，这是影响生态城市建设的关键因素。城市各项基础设施系统之间是相互关联、相互影响的，必须整体规划与设计，并适度超前，避免建设的滞后性和盲目性。几乎所有的基础设施系统都与环境相关，生态城市建设规划要保证这些基础设施各系统之间的协调性以及对生态环境的支撑作用。

城市自然生态的保护，包括水、土壤、大气、自然景观、生物多样性的保护和城市自然生态系统的构建。城市自然保护既是改善

城市环境、塑造城市特色、提高城市生活质量的重要途径，也是生态城市建设的主要内容。城市建设中要充分利用所在区域的自然因子，可以依山傍水，利用自然森林、河流、湿地进行建设，要像保护文化遗产一样保护好这些自然要素，充分发挥其生态功能。丰富的城市生物多样性是生态城市的重要标志，要规划、重建和维护适宜的生物种群或群落结构，恢复其健康的生态过程，提高城市生态系统自我维持、自我更新、抗干扰的能力。

（一）晋城市园林绿化建设

晋城市是由一个小县城发展成为如今的新型城市的。建市之前，晋城市的园林绿化零零散散、不成规模、发展缓慢。沐浴改革开放的春风，随着城市建设规模的不断扩大，晋城市园林绿化也取得了快速发展。1985 年建市之后的二十余年，大体又分为三个阶段。第一阶段是 1985～2000 年，随着城市新区框架拉开，绿化建设了泽州路、凤台街、泽州公园、植物园。两条城市主干道和一个大型综合性公园的绿化建设，为城市园林绿化发展奠定了基础。第二阶段是 2001～2003 年，借省委、省政府开展的“城市绿化年”东风，晋城市开展了“城市绿化年”活动，依照《晋城市城市园林绿化系统规划》蓝本，先后绿化建设了凤凰岭公园、玉龙潭公园、赵树理公园、凤西广场、物贸广场、兰煜园、七星广场及中原街、东上庄立交桥、回军河流域等大规模绿地，初步形成了以道路绿化为纽带，公园、广场为主体，“点、线、面”相结合的绿化格局。第三阶段是 2004 年以来，也就是园林局成立以来，晋城市以创建国家园林城市、国家生态园林城市活动为载体，全党动员，全民参与，掀起了城市绿化新高潮。治理了东西两河，使昔日的晋城“龙须沟”旧貌换新颜；构筑了西北外环防护林带，营造了城市生态屏障；绿化了城市的东、南、北三个出口，打造了生态门户，绿色之窗；消灭了晓庄、苗匠、二圣头等荒坡、煤矿采空区，使城周可视范围披上了绿装，绿化了黄华街、红星街、景西路、前进路等道路，营造了城市新的风景线。具体措施有：

（1）打造了生态屏障，绿色之窗。生态是立市之本。晋城市作为一个资源型城市，生态建设尤为重要。为改善城市生态环境，2004 年建设了环城防护林带，全长 29.5km，种植各种乔灌木 30 余个品种 50 余万株，形成了环抱市区的一道绿色生态屏障；2005 年建设了晓庄生态园、凤东生态园等近 3000 亩的规模绿地，种植各种乔灌木 10 余个品种 70 余万株；2006 年又组织实施了 5900 亩大绿化。特别是随着城市化进程的加快，多条高速公路的相继建设，城市的东、南、北三个出入口山体被支离，植被被破坏，不仅影响了城市的形象，而且严重影响了城市的生态环境。按照市委、市政府打造城市出入口的要求，从 2007 年开始，晋城市用三年时间完成了东、南、北三个出入口的生态绿化，面积达 2500 亩，共种植雪松、油松等乔木 53600 株，黄栌、紫薇、木槿等灌木 483000 株，实现了景观效果和生态效益双赢，达到了“车在林中过，人在景中行”的意境。

（2）治理了东西两河。东西两河是横穿市区的两条泄洪、排污河道，随着人们对自然资源无节制的开发利用，污水排除系统明显滞后，东西两河垃圾成堆，河道淤塞，水系环境每况愈下。市委、市政府着眼于城市的可持续发展，在“非典”时期，从保障人民群众的身心健康出发，决定治理东、西两河。按照“以人为本，东河治污，西河变美，分期实施”的原则，共治理污水河道 10.8km，拆迁面积 $1.332\times10^5m^2$，回迁安置 $6.7\times10^4m^2$，挖运土石方超过 $7\times10^5m^3$，建成绿地 $1.9\times10^5m^2$、水面 $1.6\times10^5m^2$。在绿化建设中，大胆运用片林、混交林的绿化模式，引进了各类乔灌花草 40 余种，形成了四季常绿、三季有花的植物景观。2006 年，两河治理工程获得“中国人居环境范例奖”。

（3）塑造了城市道路绿色风景线。道路绿化是城市园林绿化的骨架，是城市的形象和标志。晋城市始终按照“建一路、绿一路、花一路”的工作思路，采用乔、灌、花、草结合，高低错落有致的绿化手法，塑造出一条条城市道路绿色风景线。在建市之初，首先高水平、高质量绿化了泽州路、凤台街两条主干道，雪松挺拔、桧柏青翠，绿化隔离带中绿草茵茵，四季花开，现已成为市区亮丽的风景线，曾多次被评为精品工程、绿化样板街道。2008 年，绿化了景西路，在设计上突破创新，在树种上精挑细选，打造了色彩明快的又一绿化精品街道。2009年前进路开通后，结合路河相依、两侧居民聚集的特点，突出大树造景和小游园建设，注重道路绿化和河道建设相协调，打造了路河相依，绿水相连的新亮点。按照“绿随路建、路通街绿”的原则，还先后绿化了黄华街、文博路、红星街等特色街道，并结合亮化、美化工程进行了街道绿化景观提升。2009年底，晋城市道路绿化率达到了95%以上，市区主干道绿化占道路总用地面积比例达到了25%以上，形成了“九纵十横”的道路绿化体系。

（4）建设了各具特色的公园绿地。公园作为城市的绿色基础设施，不仅是城市居民的主要休闲游憩活动场所，也是市民文化的传播场所。1993年建设了泽州公园，总占地面积804亩，是晋城市最大的综合性公园。由于后期资金投入不足，公园内的园路、景观、基础设施等都不够完善，2008年，市委、市政府突出“以人为本”，决定对泽州公园进行改造。主要是改造了“三坡”，铺装了公园园路，建设了50亩围合大草坪和东大门，改造了园内水电系统，为市民营造了一个更加方便接近绿色的生态场所。同年10月，按照市委、市政府打造生态宜居城市的总体要求，建设了玉龙潭公园，总占地面积503.6亩，主要是建设了50亩人工湖、垂钓区、金鱼观赏区等园林景点，完善了公园大门和园路，对植物景观进行了提升。晋城市的公园还有植物公园、凤凰岭公园、赵树理公园、笔锋寺公园、建南公园、苗匠公园等，2009年底，公园总面积达2800余亩，各个公园分布合理、功能各异、各领风骚，成为市民生活不可缺少的一部分。

（5）加大了广场游园庭院小区建设力度。广场、游园、庭院、小区是百姓享受绿色、贴近绿色最近的地方，为方便市民休闲健身，先后建成了华街广场、物贸广场、凤西广场、七星广场等；增加了百丽园、迎宾游园、金华游园、滨湖游园、兰煜园、红星街游园、省运游园等贴身绿地，并逐年对广场游园进行改建、扩建。主要是补种景观大树，建设特色园林小品，使其更加适宜百姓的休闲活动。2009年秋，按照“500米服务半径”的要求，又安排实施了五个小游园建设，分别是前进路新市街角游园、凤台街角游园，以及凤台街与兰花路交叉口东南角游园、与文博路交叉口西南角游园，市体育场东侧绿地，这些将进一步满足市民的游憩需要。同时，在单位庭院、小区建设方面，认真落实《城市绿化管理办法》，确保了所有新建单位庭院、居住小区绿地率不低于35%。

晋城市园林绿化采取的主要方法和措施有：

（1）节约型绿化。建设节约型社会是由我国的基本国情和应对气候变化的国际共识所决定的。建设节约型园林，是贯彻科学发展观的基本要求，也是城市绿化必须坚持的重要原则。节约型园林要求城市绿化要做到节地、节水、节财。节地不等于减少绿化，而是要因地制宜，通过立体绿化、停车场绿化、垂直绿化等，提高土地利用率，尽量使每一个城市元素都被绿化。节水就是要大量应用本土树种，耐旱植物种类，推广中水灌溉，滴灌、渗灌节水技术。节财不等于减少财政投入，而是用最少的资金建最多的绿，追求生态的最大化。近年来，城市园林绿化建设始终坚持节约型园林绿化理念。如城市的出入口景观绿化，绿化范围因地制宜，充分对坡、沟、高速互通、山体进行了绿化，绿化树种全部为本地乡土树种，绿化用水采用了中水灌溉，景观照明采用了太阳能灯具，绿化种植采用了生根粉、保水剂等新技术，既体现了现代城市园林绿化的理念，又达到了增加城市绿量，改善城市环境的目的。2008年，东、南出入口景观绿化工程被评为“山西省城市园林绿化示范工程”，获得“中国人居环境范例奖”。

（2）规划建绿。城市规划是城市建设的龙头，园林规划是城市园林绿化的重要蓝本和依据。从一些好的城市来看，绿化建设好的城市，都有一个科学合理的园林绿化系统规划。1999年，晋城市率先在全省编制完成了《晋城市绿地系统规划》，构建了“以道路为纽带，公共绿地为重点，点、线、面相结合”的园林绿化格局，创建了国家园林城市。2007年，随着城市化的发展，晋城市又重新编制了《晋城市绿地系统规划》，构建了“一环、一心、三山、四河、八轴、多节点”、“城市公园均布，滨河绿廊导风，环城森林围绕，道路绿带相依”的景观生态格局。2008年，根据新的城市总体规划，又重新科学编制了《晋城市园林绿化系统规划》，该规划最大的特点是确立了以白马寺山生态区为核心，约 46km^2 的城市生态绿心，新规划对今后 20 年的城市绿地建设具有较强的指导作用。依据规划，坚持生态优先、因地制宜的原则，晋城市已实施了城市出入口、泽州公园改造、白马寺山生态区等绿化工程。

（3）依法建绿。城市园林绿化是城市建设的一项基本任务，必须坚持依法建设。多年来，晋城市不仅严格按法律要求规范建设，而且制定了各项法规性的管理办法，加强对园林绿化的管理。晋城市先后组织出台了《晋城市城市绿地管理办法》、《晋城市公园、游园管理办法》、《晋城市广场管理办法》、《晋城市单位附属绿地管理办法》、《晋城市古树名木管理办法》等园林绿化管理法规。为巩固国家园林城市成果，依照国家城市绿化方针，2007 年 8 月出台了《晋城市绿化管理办法》，该办法主要是重新规范了城市园林绿化设计、建设和管理工作，强化了“绿色图章”审批和绿线管理。具体内容有：

一是规定建成区内所有新、改、扩、建项目都必须办理《绿化意见书》，确保了所有新建单位庭院、居住小区绿地率不低于 35%，旧城区改造不低于 30%，所有新建主道路绿地率不低于 25%，次干道不低于 20%，景观道路不低于 40%。

二是明确了所有绿地的绿线位置，凡占用绿地的，砍伐、移植、修剪城市树木的，都必须经绿化主管部门批准，确保了绿线的合理性。

三是在变更绿线时，实行并联审批和政务大厅审批，对所有侵占绿地、毁林的行为依法处罚。

2007 年 8 月 1 日以来，所有新、改、扩、建项目都严格进行了绿化审批，绿化比例都达到了标准。目前，已审批新建项目 26 家。

这些法规制度的建立完善，使园林绿化工作逐步走向了规范化、制度化和法制化。有效地保护了城市公共绿地，制止了非法侵占绿地、破坏绿地行为，不断巩固和发展了园林绿化成果。

晋城市园林绿化下一步的工作思路是：按照城市总体规划（2008～2020 年），晋城市城市发展定位为“六区联动”。城市生态绿地系统为“一心、一环、两带、两廊、多斑块”结构。一心：指以白马寺山生态区为核心，形成约 $60km^2$ 的城市生态绿心；一环：指沿规划环城高速路两侧建设的城市外围生态绿化圈；两带：指对西部的玉屏山和东部的丹河进行生态修复，形成中心城区东西两翼生态保育带；两廊：指龙王山至丹河和白马寺山、浮山至丹河的两条横向生态绿化廊道；多斑块：指泽州公园、城市出入口绿化及吴王山、伊侯山、晋普山、莒山、浮山、珏山绿化等多个山地生态斑块。下一步城市绿化工作就是要按照城市生态绿地系统规划，加大贴身绿地建设力度，使市民在500m范围内都能有一个小游园，满足市民日常游憩休闲需求。加快城市水系建设，打造城市景观水系，改善城市生态景观环境，形成“山、水、城”和谐共生的城市特色。加大城周可视山头生态绿化力度，不断增加城市绿量，改善城市生态环境，着力构筑“林在城中，城在林中，树成林，花成片，绿成景”的良好生态环境，努力打造生态、自然、宜居、园林、和谐、文明新晋城。

（二）晋城市水环境建设

城市生态系统是由自然系统和人工系统复合成的复杂大系统，水生态系统是城市生态系统的主要组成部分和关键因素；是城市重要的功能载体、生态之魂。生态城市的水系既包括各种自然和人工水体，也包括给排水系统。它们承担着蓄雨排洪、分流下渗、补充地下水源、提供生产生活用水、生态绿化用水、废水处理回用、美化景观、缓解热岛效应等多方面的生态功能。城市化地区人与水的和谐共存与协调发展，必须有足够的生态用水量维持城市生态系统的动态平衡。在生态城市建设中要着力构建城市区域水循环系统，将污水资源化循环利用和节水、节能紧密结合，实行水环境综合管理，大力提升水环境质量，构建和谐水系。特别要重视增加城市透水地表面积，就地渗蓄，减少地表径流，恢复植被及修建蓄水池塘、洼地等人工湿地。

城市水环境建设的目标：一是城市河湖等水体必须有一定的地表水量，维持城市水生态系统，并与绿地一起形成城市的水绿景观；二是城市要形成排水、治污、中水回用等环节构成的现代化排水水网，控制水污染；三是要有安全可靠的供水水源，只靠单一水源的城市还需要建设备用水源；四是维持规划区地下水的采补平衡，缓解和避免由于地下水超采引起的地面沉降。要实现上述目标，需要科学规划，系统进行水景观建设、水污染治理、水安全维护。具体为：

（1）水景观建设。现代化城市对平衡的水生态与优美的水环境提出了越来越高的要求。水景观建设，一要建立水绿生态体系，完善“水绿相依、以水养绿、以绿净水”的结构；二要保证水清洁；三要恢复水景观的自然色彩。晋城市的丹河、沁河等在进行水景观建设时，要尽量减少混凝土、浆砌石等硬质材料的使用比例，充分发挥植物在保护岸坡中的作用。

（2）水污染治理。水污染治理是水环境改善的基本条件之一，污染源的治理又是水污染治理的关键。污染源包括：点源、面源和内源。晋城市污染源主要是点源（工业污染源、生活污染源）。加大污水末端处理的能力，提高污水的处理数量和质量，是水污染治理取得良好效果的保障。同时，建立健全水环境保护法规，严格执法，做到以防为主、以治为辅，是我国水污染防治的有效途径，也是水环境建设的最简单、最经济、最有力的手段。达标的、适应需要的污水收集及处理系统是生态城市建设最基本的要求，但过去长期得不到重视，远远落后于城市发展和其他基础设施建设进度。近年来虽然有了巨大进步，但整体水平较低。应按集中与分散相结合的原则加快污水处理厂建设，并抓好配套管网建设。污水厂选址和管网建设时要统筹考虑中水回用问题。

（3）水安全维护。晋城市是我国缺水城市之一，因此，晋城水安全的维护，除了要加强水源地保护外，还要节水。

丹河是晋城市境内一条主要河流，境内长 129km，流域面积 2965km^2。丹河流域是晋城市人口、耕地、城镇、工矿企业的密集区，是晋城市经济社会发展的核心区域。多年来，随着流域内煤炭资源大量开采和煤化工、冶炼、铸造等产业的发展，造成该区域水资源破坏、煤矸石堆积、地表沉陷、植被破坏、环境污染等问题。为有效恢复植被，解决城乡居民用水安全，减少环境污染，防止地表沉陷等地质灾害的发生，实现区域经济社会可持续发展，经研究，晋城市决定建设以丹河流域为重点的生态环境综合治理工程（以下简称《工程》）。《工程》分为核心工程和辐射（辅助）工程。

核心工程为8项，即：丹河河道生态修复、丹河流域生态建设、生活垃圾及污水处理、水资源保护开发和有效利用、水土保持、土地综合开发利用、循环经济、节能减排。主要建设内容为：丹河干流河道治理61km，丹河支流河道治理49.5km，丹河两岸人工造林9.6万亩、封山育林4.6万亩，人工种草1万亩、改良牧坡草地8万亩并配套舍饲养殖等，陵川县小流域治理73km^2、高平市小流域治理38.3km^2，晋城市区雨污水管网改造60km，泽州郭壁供水改造及河流补水工程，丹河河道人工湿地建设，高平、陵川、晋城市城区生活垃圾处理厂及生活污水处理厂建设，丹河流域5个无主矸山治理，高平城市集中供热工程，丹河流域8家煤化工企业工业废水治理。

辐射（辅助）工程为：陵川县重点污染企业节能减排和沼气建设、煤矿废水处理回用，泽州、高平、陵川采煤沉陷区治理，泽州城市生活垃圾中转站建设、新能源建设，丹河流域饮用水源地保护等。

《工程》建成后，将有效恢复丹河流域植被，增强水源涵养功能，保护水资源，提高流域内主要河道的防洪行洪能力，减少环境污染，防止地表沉陷等地质灾害发生，明显改善流域生态环境，对提升城市形象，改善投资环境，促进区域经济社会可持续发展将起到积极的推动作用。

（三）晋城市大气环境建设

针对晋城市大气污染的现状，大气环境建设要坚持防治结合，通过建立健全领导机构，加大资金投入，不断完善大气污染防治设施建设；以国家“西气东输”为契机，改进能源结构，积极推广清洁能源，加快集中供热进度，不断扩大供热范围；加快产业结构调整，坚决关、停、并、转一批影响大气环境质量的重点污染源；采取综合措施，防止建筑工地和道路扬尘污染；继续加强城市绿化建设，不断扩大建成区绿化面积，减少裸露地面积；加强机动车尾气的污染防治工作；严格执行环保审批制度，从源头控制污染；积极开展宣传教育工作，提高公众参与意识。具体措施有：

（1）构建城市清洁能源系统。城市耗能是我国能源消耗的主体，也是造成大气污染、温室气体排放的罪魁祸首。要改变城市原有的能源结构和利用方式，尽快实现城区无原煤直接燃烧，推广天然气、太阳能、电力等清洁能源，实现城市能源清洁化、低碳化。从煤炭开采、洗选及分类供应，到采用清洁燃烧技术要系统考虑、整体推进。包括供电、供热、供气在内的城市能源系统要与城市功能布局、产业结构、交通系统等统筹考虑；通过建设智能电网，为发展分布式能源系统和电动交通系统提供便利；把各行各业节能放到重要位置。此外，注意发展热泵技术，开发地热、风能、余热利用和储能技术等。

（2）依靠科技进步，大力发展生态农业，调整产业结构，切实转变经济增长方式。依靠科技进步，改变不利于生态环境的原始落后的生产方式，实施生态环境建设的科技创新工程，增加生态环境保护建设的科技含量。正确处理好生态保护与经济建设的关系，从生态优先的原则出发，培育和发展新兴无公害的产业，推广清洁生产，倡导生态旅游，发展循环经济，引发经济发展新势头。加快开展退耕还林和环境综合治理等促进生态环境改善的工作。

（3）发展城市集中供热。由于市区人口多，面积小，大到楼宇、小区供热，小到家庭烧水取暖，大小锅炉林立，燃料构成以煤为主，造成大气面源污染。如果实行城市集中供热，则可大大降低空气污染程度。这就要不断进行基础设施建设，逐步扩大集中供暖范围。对暂时无法实现集中供暖的区域，要推广使用低硫、低灰分优质煤，对 10t 以上的燃煤锅炉安装烟气脱硫、除尘装置作为过渡措施。

（4）综合整治市区机动车辆尾气污染，大力发展绿色高效的公共交通。要减少市区内机动车尾气排放对大气的污染，首先，要在全市供应清洁优质燃油；其次，环保部门要制定并严格执行汽车尾气质量标准，强制超标排气的机动车安装净化装置，并严格执行年审检测制度，将尾气排放列入年检内容；再次，做好城市市内交通规划，实施自行车交通、公共交通优先战略，最大限度改善道路畅通，通过控制机动车流量来减少机动车尾气排放。

生态城市的交通系统应以大容量快速公共交通系统为主导，对铁路、地铁、轻轨、快速公交、停车场等系统进行全面规划、科学布置、精心施工，形成方便快捷、高效低碳、人性化的公共交通体系，促进市民选择公共交通出行。同时，通过优化城市功能分区和道路交通管理系统，降低交通需求总量，保持交通通畅，减少机动车尾气和噪声污染，降低交通碳排放，鼓励人们在短距离出行中选择自行车和步行方式。

（5）控制扬尘污染。建筑施工过程、建筑垃圾和工程渣土运输过程、建筑垃圾堆放过程都容易产生扬尘污染，露天堆放的煤堆、灰堆等也易形成扬尘污染。控制扬尘污染的关键在于对建筑施工和露天干散堆料的管理。因此，要规范工程施工、垃圾运输和堆放的管理，对露天干散堆料要采取遮盖物遮盖、围挡等措施，以防止扬尘污染。要采取及时清扫、洒水等措施抑制刮风、机动车行驶过程中的二次扬尘。另外，要通过绿化减少裸露地面积、扩大禁烧垃圾、树叶、秸秆、枯草的面积，控制扬尘污染。要在市区扩大乔木树种的绿化比例，发挥它的吸附尘埃、有毒气体的功能。

（6）强制推行建筑节能。在建筑物的规划、设计、建设、改造和使用过程中，严格执行节能标准，采用节能技术、设备和材料，提高保温隔热性能和供热、制冷效率。对新建筑节能给以政策优惠；对老建筑节能改造给予补贴。此外，完善供热、供水、供电的分户计量，利用经济手段鼓励节能节水。

（四）晋城市固体污染治理建设

晋城市固体污染物质类型主要有：生活垃圾、工业危险固体废弃物、医疗固体废弃物以及煤矸石、煤渣和粉煤灰。

1. 治理的基本思路

晋城市针对固体污染物质类型，提出坚持固体废弃物的减量化、资源化和无害化的方针，提高工业固体废弃物的综合利用水平；严格管理危险废弃物，采取物理、化学措施进行无害化处理；寻找城市生活垃圾的出路和处理方式，尽快建设新的生活垃圾处理场，并配置相应的无害化处理设施，防止生活垃圾对地面环境特别是对地下水的二次污染。

2. 治理措施

要发展分类、密闭、压缩、资源化的生活垃圾收运系统，加强再生资源回收、综合利用和危险废物安全处置。一是建设生活垃圾处理场，完善垃圾收运系统。市区家庭生活垃圾和商业、服务业产生的生活垃圾实现分类袋装化、垃圾分类收集箱在住宅区普及化、垃圾运输封闭化，建立废旧物品回收体系。二是建设危险固体废弃物处置中心和医疗废弃物处置中心，扩大危险固体废弃物的无害化处理能力。三是按照循环经济的思路，推行工业固体废弃物减量化、资源化和无害化政策，来加强工业固体废弃物的管理。重点通过替代煤、控制一次性物品的使用、简化商品包装，实现工业生产固体废弃物、商业垃圾和居民生活垃圾的源头消减，并强化回收利用。推动企业建设煤矸石、尾矿综合处理设施，提高煤矸石和煤渣、粉煤灰的综合利用水平。政府应从税收、资金、政策等多方面提供优惠，鼓励工业固体废弃物再利用理论研究，鼓励企业采取多渠道回收利用工业固体废弃物。

3. 2009 年晋城市固体废弃物治理成效

2009 年晋城市重点工业企业固体废物产生总量为 13405. 132384kt。其中，重点工业企业产生固体废物量 13275. 400kt，危险废物产生量 1. 932384kt，市区生活垃圾产生量 127. 800kt。全市工业固体废物产生行业以煤炭、冶炼、化工、电力为主。工业企业固体废物综合利用量 10135. 400kt，处置量 3132. 200kt，工业企业固体废物处置利用率 100%。危险废物以化工企业产生的危险废物和医疗废物为主。其中，工业危险废物产生量 509. 288t，综合利用量 86. 14t，异地处置量 423. 148t，工业危险废物处置利用率 100%。市区医疗废物产生量 1423. 096t，全部由市医疗废物处置中心进行了集中安全处置，医疗废物处置率100%。市区生活垃圾产生量127.800kt，实际处理量119kt，无害化处理率达93.11%。2009年，晋城市在煤矸石、矿渣、锅炉渣等固体废物综合利用方面取得明显效果，综合利用量由2008年的6795.2kt提高到2009年的10135.4kt，市区生活垃圾无害化处理厂正常运行，生活垃圾得到了有效收集和无害化处理，同时相继投运多家固体废物综合利用砖厂，固体废物得到了综合利用。在此基础上，晋城市不断加大对固体废物的管理，固体废物的处置利用率达到100%。

（五）晋城市噪声污染控制建设

建设环境噪声达标区是严格控制城市环境噪声污染的重要措施，其目的就是集中力量，有计划、有步骤地在城市区域对环境噪声污染源进行综合治理，强化管理，使区域内环境噪声水平和环境噪声管理措施达到要求，以保障人民群众的身心健康。

1. 建设环境噪声达标区的原则

建设环境噪声达标区是严格控制城市环境噪声污染的重要措施，其目的就是集中力量，有计划、有步骤地在城市区域对环境噪声污染源进行综合治理，强化管理，使区域内环境噪声水平和环境噪声管理措施达到要求，以保障人民群众的身心健康，为此必须遵循以下原则：

（1）以保障城市居民正常的生活和工作场所安静为出发点，且以人口密集区、集中区为优先建设点，逐步改善噪声环境质量。

（2）完善定量管理与定性管理相结合，以定量管理为主。

（3）重视点源治理，加强综合治理。

（4）工作要认真负责，端正态度，实事求是。

2. 建设环境噪声达标区的依据

建设环境噪声达标区的依据有：

（1）《中华人民共和国环境保护法》；

（2）《中华人民共和国环境噪声污染防治法》；

(3)《城市区域环境噪声标准》(GB 3096—93);

(4)《建设环境噪声达标区管理规范》(国家环保总局);

(5)《执行〈城市区域环境噪声标准和建设环境噪声达标区管理规范〉几个问题的说明的通知》(国家环保总局);

(6)《城市区域环境噪声测量方法》(GB/T 14623);

(7)《工业企业厂界噪声测量方法》(GB 12349);

(8)《建筑施工场界噪声测量方法》(GB 12542);

(9)《环境监测技术规范》第三册(噪声部分)。

3. 已建环境噪声达标区区域概况

根据《中华人民共和国环境噪声污染防治法》、《山西省噪声功能区管理办法》、《晋城市城市区域环境噪声》等有关规定,截至2009年底,在建成区域内环境噪声达标29.4km^2。

根据《晋城市城市区域环境噪声功能区划分方案》的要求,晋城市已建环境噪声达标区区域共分为3个区域:第一区域为1类功能区,面积为5.32km^2;第二区域为2类功能区,面积为18.83km^2;第三区域为3类功能区,面积为4.9km^2。24条交通道路为4a类功能区,现主要道路有:中原街、泽州路、文昌街、太行路、建设路、景西路、新市街、文博路、黄华街、前进路、兰花路、晋韩街、迎宾街、凤城路、凤台西街、西环路、东西大街、书院街、太岳街、苑北路、红星街、泰欣街、陵沁路。

2009年复测调查中,达标区区域内共有固定噪声源11个,其中第一区域固定噪声源4个,第二区域固定噪声源2个,第三区域固定噪声源5个。达标区区域内共有建筑工地6个。

4. 达标区噪声执行标准

根据晋城市《城市区域环境噪声标准》适用区域的划分,达标区区域内噪声执行标准为:

(1)已建达标区内第一区域噪声执行GB 3096—2008《声环境质量标准》中的1类区标准:昼间等效声级L_{eq}标准限值为55dB(A),夜间等效声级L_{eq}标准限值为45dB(A)。第二区域噪声执行

GB 3096—2008《声环境质量标准》中的 2 类区标准：昼间等效声级 L_{eq}标准限值为 60dB（A），夜间等效声级 L_{eq}标准限值为 50dB（A）。第三区域噪声执行 GB 3096—2008《声环境质量标准》中的 3 类区标准：昼间等效声级 L_{eq}标准限值为 65dB（A），夜间等效声级 L_{eq}标准限值为 55dB（A）。

（2）已建达标区内城市中的主要交通道路执行 GB 3096—2008《声环境质量标准》中的 4a 类区，4a 类区昼间等效声级 L_{eq}标准限值为 70dB（A），夜间等效声级 L_{eq}标准限值为 55dB（A）。

（3）已建达标区区域内固定噪声源 11 个，其中第一区域固定噪声源 4 个，边界外敏感点噪声执行 GB 3096—2008《声环境质量标准》中的 1 类区标准：昼间等效声级 L_{eq}标准限值为 55dB（A），夜间等效声级 L_{eq}标准限值为 45dB（A）。第二区域固定噪声源 2 个，边界外敏感点噪声执行 GB 3096—2008《声环境质量标准》中的 2 类区标准：昼间等效声级 L_{eq}标准限值为 60dB（A），夜间等效声级 L_{eq}标准限值为 50dB（A）。第三区域固定噪声源 5 个，边界外敏感点噪声执行 GB 3096—2008《声环境质量标准》中的 3 类区标准：昼间等效声级 L_{eq}标准限值为 65dB（A），夜间等效声级 L_{eq}标准限值为 55dB（A）。

（4）已建达标区区域内建筑工地 6 个，目前均处于结构阶段，执行 GB 12523—1990《建筑施工场界噪声限值》结构施工阶段限值，昼间等效声级 L_{eq}标准限值为 75dB（A），夜间等效声级 L_{eq}标准限值为 55dB（A）。

5. 噪声源的具体要求

晋城市对一切噪声源提出了具体要求：

（1）环境噪声达标区内禁止任何前段时间和个人使用高音喇叭，已架设的必须在接到通知后一个星期内拆除，歌舞厅、卡拉 OK 厅、放像厅等娱乐场所及商业网点，不准用音响设备招揽顾客，其音响设备必须保持低音量，使边界噪声不超过 50dB，营业时间不准超过夜间 12 点。

（2）环境噪声达标区内的有关单位要对本单位震动大的设备进

行治理，使其达到功能区标准。

（3）该区域内建筑工地的设备（如打桩机、空压机、搅拌机、电锯等）不准在中午和夜间使用，特殊情况需使用时必须报市环保局批准。

（4）禁止夜间在该区域内从事产生噪声污染、妨碍居民正常生活的各种活动。

（5）一切机动车辆要安装符合《机动车辆允许噪声标准》规定的喇叭，并按规定的路线行驶，设立禁鸣路段，严禁在该地段鸣笛。

（6）所有企事业单位对噪声和震动大的机械设备，都必须安装消声和防震设备。向周围生活环境排放的工业噪声，应当符合国家规定的工业企业厂界环境噪声标准和功能区要求。

此外，还要提高城市生态建设中新技术应用的含量。依靠科技进步，扩大对外交流，提升生态建设的速度和效益。要建立数字林业体系，依托计算机技术、3S 技术等，强化对生态工程建设的管理；要继续坚持实施林业精品工程战略和容器育苗战略，积极推广抗旱造林、径流林业、覆盖造林、APT 生根粉、根宝蘸根造林、喷播绿化、混交造林等先进实用技术，提高造林绿化的成活保存率；要加强和稳定林业科技队伍，鼓励事业单位、科技人员通过承包、咨询等形式建立科技示范点，创办科技型企业，加快科技成果转化；要扩大对外开放，加强科技交流，搞好项目合作，拓展生态建设的国际交流合作空间，提高生态建设的质量和档次。

还要坚持经营生态型城市的方向，构筑多元化投入机制。建设生态城市，涉及绿化建设、污水处理、垃圾处理、污染治理、产业升级等诸多方面，是一项资金投入量大的系统性工程，必须坚持经营城市方向，制定优惠政策，建立政府引导、社会参与、市场化运作的多元化投入机制，筹措建设资金。市场化运作机制主要有：银行贷款模式、证券融资模式、投资基金模式、项目融资模式等。

还要建立生态效益补偿机制，加大生态环境建设投入。按照“谁受益、谁补偿、谁破坏、谁恢复”的原则，完善生态环境效益补偿制度，并逐步建立生态环境效益补偿专项资金。建立稳定的以政府投入为主、社会投资为辅、民间融资为补充的生态林业投入体系，将生态公益林建设投资列入年度发展计划与财政公益事业年度预算，设立林业专项资金，确保重点生态工程的资金投入。引导和鼓励全社会各种投资主体向生态环境建设投资，最终实现生态城市的建设目标和地区的可持续发展。

参考文献

[1] 齐建珍. 资源型城市转型学 [M]. 北京：人民出版社，2004：273~277.

[2] 李咏梅. 资源型城市的环境保护与可持续发展 [J]. 生产力研究，2006（6）：125~126.

[3] 何强，井文涌，王翊亭. 环境学导论. 第3版 [M]. 北京：清华大学出版社，2004：70~73.

[4] 宋平. 生态城市：21世纪城市发展目标——以南京市为例 [J]. 地域研究与开发，2000，19（3）：26~30.

[5] 彭晓春，等. 生态城市的内涵 [J]. 现代城市研究，2001（6）：30~32.

[6] 刘云刚. 大庆市资源型产业结构转型对策研究 [J]. 经济地理，2000（9）：14.

[7] 张米尔. 市场化进程中的资源型城市转型研究 [M]. 北京：机械工业出版社，2004.

[8] 李建华. 资源型城市可持续发展研究 [M]. 北京：社会科学文献出版社，2007.

[9] 杜秋根. 辽宁省可持续发展环境保护战略研究 [M]. 北京：科学出版社，2004：80~85.

[10] 沈镭，程静. 论矿业城市经济发展中的优势转化战略 [J]. 经济地理，1998，24.

[11] 王元. 重视单一产业性城市的可持续发展 [N]. 人民日报，2000.

[12] 王青云. 资源型城市经济转型研究 [M]. 北京：中国经济出版社，2003：126~130.

[13] 杜莉. 中国—欧盟：老工业基地资源型城市复兴 [M]. 吉林：吉林大学出版社，2007.

[14] 刘则渊，等. 现代生态城市建设标准与评价指标体系探讨 [J]. 科学与科学技术管理，2001，22（4）：61~63.

[15] 马交国，等. 生态城市理论研究进展 [J]. 地域研究与开发，2004，23（6）：40~44.

[16] 李成军. 中国煤矿城市经济转型研究 [M]. 北京：中国市场出版社，2005.

[17] 柳海鹰，等. 生态城市研究进展 [J]. 四川环境，2005，24（2）：57~59.

[18] 黄光宇. 中国生态城市规则和建设进展 [J]. 城市环境与城市生态，2001，14（3）：6~8.

[19] 中国科学院可持续发展研究组，2000中国可持续发展战略报告 [M]. 北京：科学出版社，2000.

[20] CCIECD. Energy for Sustainable Development [M]. 北京：中国环境出版社，2003.

[21] 中国科学院可持续发展研究组，1999中国可持续发展战略报告 [M]. 北京：科学出版社，1999.

[22] 郭培章. 中国城市可持续发展研究 [M]. 北京：经济科学出版社，2004.

[23] 王宏英. 山西能源开发战略与可持续发展 [M]. 北京：经济管理出版社，2003.

[24] 崔铁宁. 循环型社会 [M]. 北京：中国环境科学出版社，2005：145~160.

[25] 朱明峰．循环经济对资源型城市发展的导向研究［J］．资源与产业；2006（1）：27～29.

[26] 薛利强．中国北方煤炭资源型城市向生态城市转型的研究［D］．呼和浩特：内蒙古大学，2006：21～22.

[27] 郭胜伟．匹兹堡城市发展格局与匹兹堡城市复兴［J］．城市规划与国土资源，2004（1）.

[28] 晋城市2010年国民经济和社会发展统计公报，2011，3.

[29] 晋城市环保局．2010年晋城市环境状况公报，2009，6.

[30] 山西省晋城市“十二五”发展规划，2010，11.

[31] 解振华．坚持求真务实 树立科学发展观 推进循环经济发展［J］．环境经济，2004（8）.

[32] 赵天石．中国资源型城市经济转型研究［M］．北京：中国经济出版社，2007.

[33] 吴奇修．资源型城市竞争力的重塑与提升［M］．北京：北京大学出版社，2008.

[34] 朱志红．生态城市建设中循环经济理论与实践的探讨［J］．齐齐哈尔大学学报，（哲学社会科学版），2006（1）：70～72.

[35] 钱易，唐孝炎．环境保护与可持续发展［M］．北京：高等教育出版社，2000.

[36] 米文宝．可持续发展理论的若干问题研究［J］．宁夏大学学报（自然科学版），2002（3）：285～287.

[37] 严立冬，孟慧君．深化生态经济理论研究，走“可持续发展”之路［J］．生态经济，1997（2）：27～30.

[38] 朱德元．资源型城市经济转型概论［M］．北京：中国经济出版社，2005：182～184.

[39] 国家计委宏观经济研究院课题组．我国资源型城市的界定与分类［J］．宏观经济研究，2002（11）.

[40] 薛利强，史增震．对内蒙古煤炭资源型生态小城市（镇）建设若干问题的思考［J］．北方经济，2005（6）：16～18.

[41] 晋城市统计局．2010晋城统计年鉴［M］．北京：中国统计出版社，2010，7.

后　记

21 世纪人类面临三大难题：人口问题、资源问题、环境问题。环境是人类赖以生存的载体，人类一切的生产活动都是在环境中进行的，环境的好坏决定了人们生存的状态。随着历史的发展，人类不断地对地球进行开发，造成大规模的环境污染。晋城市作为资源型城市，环境污染的状况尤其严重。对晋城市城市转型与城市生态环境建设进行研究，是在更全面、更合理、更自觉、更高层次、更长远意义上对“以人为本”的肯定。

晋城市作为资源型城市，城市转型对解决当地的环境问题，对城市居民的生命安全，社会的稳定和经济的发展具有重大意义。本书的研究是在认真学习了资源型城市的基本理论、生态城市理论、可持续发展理论、循环经济理论的基础上，通过对晋城市的概况、资源环境承载力和环境质量现状的分析，深入剖析了晋城市资源型城市转型的障碍性因素，在此基础上，提出了晋城市城市转型与城市生态环境建设的战略与构想。

缘于在晋城市这个典型的资源型城市工作、生活了三十多年，为体现学以树德、学以增智、学以致用的原则，是我编写《资源型城市转型与城市生态环境建设研究》这本书的初衷。

晋城市城市转型是一个复杂的系统工程，是一项长期而艰苦的工作。本书只是从总体上对晋城市城市转型与城市生态环境建设提出自己的想法，对于一些转型过程中所面临问题的解决，诸如技术运用、法制建设、政府配合等方面阐述不够，还有待以后的进一步研究。由于作者能力有限，书中不乏观点稚嫩之处，望各位读者批评指正，感谢之至。

冶金工业出版社部分图书推荐

书　　名	定价（元）
工业生态学	28.00
工业生态实用知识问答	25.00
污泥干化与焚烧技术	35.00
污泥生物处理技术	35.00
污泥处理与资源化应用实例	32.00
矿山环境工程（第2版）	39.00
旅游地生态地质环境	25.00
“绿色钢铁”和环境管理	36.00
环境工程微生物学	45.00
创建资源节约型环境友好型钢铁企业	60.00
环境污染控制工程	49.00
材料环境学	30.00
矿山环境工程	22.00
钢铁冶金的环保与节能（第2版）	56.00
中国钢铁工业环保工作指南	180.00
环保设备材料手册（第2版）	178.00
环保机械设备设计	55.00
铝合金生产安全及环保技术	29.00
冶金工业节能与余热利用技术指南	58.00
钢铁工业废水资源回用技术与应用	68.00
焦化废水无害化处理与回用技术	28.00
固体废弃物资源化技术与应用	65.00
高浓度有机废水处理技术与工程应用	69.00
除尘器壳体钢结构设计	50.00
电炉炼钢除尘与节能技术问答	29.00
袋式除尘技术	125.00
现代除尘理论与技术	26.00
工业除尘设备——设计、制作、安装与管理	158.00
除尘与分离技术	36.00